最新の脳研究でわかった！
自律する子の育て方

工藤勇一・青砥瑞人

SB新書
543

最新の脳研究でわかった！　自律する子の育て方●目次

脳の大原則①「Use it or lose it」
脳の大原則② 人の意識は有限である
脳の大原則③ 人は本来、ネガティブ思考が作動しやすい
グーグルが有名にした「心理的安全性」
ストレスがかかると脳はどうなるか？
ファイト・オア・フライト反応
心理的危険によって失われる脳機能
機能① 現実に沿った思考やエラー検知（dmPFC）
機能② 意識的な注意と思考（dlPFC）
機能③ 不適切行動の抑制（rlPFC）
機能④ 感情の調整（vmPFC）
幼少期の体験に左右される「反応のしやすさ」
激しく怒られるほど頭に残らないという皮肉
怒られた記憶は感情とともに鮮明に残る
叱っている大人が心理的危険状態
ストレスフリーがいいわけではない！

第2章

子どもが安心できる環境をつくる——工藤勇一

自分と向き合う習慣がない人ほど他責になる
内省が難しい理由
外部評価依存になりやすい「自己」
メタ認知はメタ認知ができる人しか教えられない
メタ認知を鍛える理想のテーマ①「葛藤」
メタ認知を鍛える理想のテーマ②「夢」
メタ認知で実現するウェルビーイング
その日に起きた嬉しかったことを尋ねる

第4章 子どものメタ認知能力を鍛える方法――工藤勇一

具体化と継続
優れた人は自分を知っている
なぜ子ども自身に解決させるべきか
「反省しない」が出発点
その一言がメタ認知の機会を奪う

序章

いま、教育現場で何が起きているのか

――工藤勇一

教育の本質を考える

科学技術の進歩は私たちの想像を絶するスピードで起きています。それに伴い経済構造や社会構造も大きく変化しはじめ、かつては常識だったことに囚われすぎると時代とうまく噛み合わなくなることが、社会のあらゆる場面で頻出しています。

そこに追い打ちをかけるように襲ったコロナ禍。現代人が経験したことがない事態を前に、人々は困惑しつつも必死に前進を続けるための試行錯誤を余儀なくされています。

このような激動の時代において最優先されるべき個人の資質は、自分で考え、判断し、行動できることではないでしょうか。私はこれを「自律」と呼んでいます。

同時に、世の中はグローバル化と多様化が加速しています。いまは一時的に分断・隔離のステージに入っているものの、国家単位ではなく地球単位で物事を考えることが当たり前の時代になっていきます。どうやったら地球環境を守れるか。どうやったら飢餓をなくせるか。どうやったら紛争をなくせるか。そういったことをグローバルな目線で考えていくことが求められるようになります。

そのためにはまず多様な考え方や特性を認め、他者を「尊重」するという資質を持ち合わせていないといけません。

私が千代田区立麹町中学校の校長をしていたときに同校で掲げていた教育目標は「自律」「尊重」「創造」でした。3つ目の創造とは「豊かな発想で、新たな価値を生み出す」という意味であり、これは自律と尊重が実現した上に成り立つものと捉えています。

やはり重要なことは「自律」と「尊重」です。

教育目標はその学校の生徒、保護者、教員全員が目指すべき共通のゴールであり、学校運営において最も重視されるべきことです。しかし、残念なことに教育目標が形骸化して教員がそれぞれの価値観でバラバラな指導を行う学校や、時代とマッチしない目標を掲げ、その目標を子どもたちに強制する学校が多く見受けられます。

学校の最上位の目的が**「子どもたちに社会で生きていく力を身につけてもらうこと」**だと考えれば、教育目標は時代の変化に合わせて常にアップデートされていくのが正しい姿です。

ちなみに麹町中学の教育目標はOECD（経済協力開発機構）が定めた教育指針、

Learning Framework 2030そのものということができます。

・Taking Responsibility 責任ある行動をとる力（自分で考えて判断し行動する↓「自律」）

・Reconciling Tensions & Dilemmas 対立やジレンマを克服する力（多様性を尊重し対立・ジレンマを受け入れる＝「尊重」↓共通の目的で合意する）

・Creating New Value 新たな価値を創造する力（相反する課題を新たな仕組みや技術を生み出すことによって解決する↓「創造」）

OECDはこれら3つの資質を育てていくに当たって、もっとも重要なものが「agency」だと言っています。わかりやすく言えば「当事者意識」のことです。当事者意識をもった子どもたちが社会にでていくことで、はじめて幸福な社会が実現する。

これがこれからの世界標準の教育目標なのです。

当事者意識のない日本人

翻って日本。

日本財団による「18歳意識調査」のうち、「社会や国に対する意識調査」という調査結果のデータがあります（各国で17～19歳の男女1０００名を対象。９カ国による比較。２０１９年11月30日発表）。

日本の若者で「自分を大人だと思う」と答えた人はわずか３割弱。中国の約９割、欧米の約８割と比べると半分も満たしていません。

「自分は責任がある社会の一員だと思う」と回答した若者は、他国が軒並み９割近いなかで、日本だけ過半数に届いていません。

「自分で国や社会を変えられると思う」と答えた若者はわずか約18％。「社会課題について、家族や友人など周りの人と積極的に議論している」若者は約27％という低さです。

このように、すべての設問に対して日本の若者だけ突出して低い結果となっています。日本で教育を受けた若者の多くは「自分のことを社会に対して責任を負う大人だと思っておらず、自分が社会や国を変えられるとも思っていないため、社会課題に対する関心も低い」ということになります。

ちなみにこの意識調査には他にも設問があり、「自分の国の将来についてどう思っていますか」という問いに対して「良くなる」と答えた若者はわずか9・6％で9カ国中最下位。その一方で「どのようにして国の役に立ちたいと思いますか」という問いに対して「国の役に立ちたいと思わない」と答えた若者は14・2％で9カ国中最も多くなっています。

あまりに悲しい結果です。

調査結果を一言で総括するならば、いまの日本の若者は当事者意識が決定的に欠如しているということになります。

「社会や国の未来も、自分の幸せも、周囲の誰かがどうにかしてくれるはずだ」

「社会が問題を抱えたり、自分が不幸せになったりしたら、それは周囲の大人のせいだ」

日本の学校教育を受けた子どもたちには、このような**極端な受け身の思考回路が出来上がりやすい**のです。

当然ですが、これらの調査結果を踏まえて「いまの若者はけしからん！」と子どもたちに責任転嫁をすることは正しくありません。それこそ当事者意識が欠如した発想であり、子どもたちの意識は私たち大人の姿の鏡であることを忘れてはいけません。受け身の発想を捨て、自ら考え、判断を下し、行動を起こせる自律した日本人を増やすことは、いまの日本が国を挙げて取り組まなくてはならない喫緊の課題です。

私としては、もっともインパクトのある解決手段は学校教育を抜本的に変えることであると信じており、その目標を実現させるために現在も微力ながらさまざまな活動を続けています。

子どもに手をかけすぎる大人たち

では、なぜ日本では当事者意識のない子どもたちが育つのでしょうか。

それは教育を含め、日本の社会全体がサービス産業化してしまったからだと考えます。私たち大人はとにかく子どもたちに手をかけすぎです。手をかければかけるほど子どもは自律できなくなり、自分がうまくいかないことを誰かのせいにしようとします。

たとえば早期教育は相変わらずの加熱ぶりです。

「子どものために少しでも良い就学環境を与えたい」

「子どもの能力を少しでも高めてあげたい」

「子どもがハンデを負わないように手を貸してあげたい」

自分の子どもの将来を案じることは親として当然のことですが「あれをしなさい」「これをしないさい」「あれはダメ」「これもダメ」と周りの大人が言い続けていると、子どもは自己決定の機会が与えられないため、自分で考える能力や新しいことに挑戦していく姿勢が育ちません。仮に大人のお膳立てで一流と言われている大学に入ることができたとしても、そのような状態で激動の社会を自分の足でたくましく生き抜くことができるでしょうか。

サービスを過剰に与えられて育った子どもは何か課題に直面したとき「この状況を自分でどうにかしよう」という発想が湧いてきません。ひたすら「より良いサービス」を求め、そこで満足するサービスが受けられないと今度は「サービスの質」に不満を言います。

どこかの家庭でありそうな日常の朝の様子を紹介します。

毎朝なかなか起きてこない娘を心配して起こしにいくお母さんの姿があります。

母「朝だよ。起きなさい」
娘「……」
母「いい加減に起きなさい。遅刻しても知らないよ」
娘「あーうるさい。ほっといて」
母「じゃあ、ほんとに知らないよ」
娘「うるさい、うるさい」
そして、遅刻する時間をとっくに過ぎて娘が起きてきて、
娘「なんで起こしてくれないのよ。遅刻しちゃったじゃない」

母親の起こしてあげようとするサービスに慣れた娘が、母親のサービスの質に文句を言う。子どもは与えられることに慣れてしまうと、万事がこんな感じです。

日本の学校では次のような発言をする生徒が目立ちます。

「あの先生の教え方が悪いから自分は勉強ができないんだ」

「あの担任のせいでうちのクラスは仲が悪いんだ」

「この学校の支援の仕方が悪いから、僕はクラスに馴染めないんだ」

繰り返しになりますが、自律できない子どもは上手くいかないことが起きると、人のせいにしがちです。そして、共通して自分のことが嫌いです。劣等感でいっぱいです。そして自分のことが嫌いな子は、他人も好きになれません。中学生くらいだと「先生が嫌い」「親が嫌い」「大人は信頼できない」と考える子もたくさん見られます。

麹町中学ではこうした「自律」を失ってしまった子どもたちがもう一度、自分で考え行動できるようになるためにはどうしたらいいか、そして自分を好きになり他者を尊重できるようになるためにはどうしたらいいかをひたすら考え抜いてきました。

学校をおかしくしている手段の目的化

子どもたちを自律した人間に育て、生きる力を身につけさせる観点は、文部科学省が最上位で掲げている目標でもあります。しかし、教育現場にはまったく落ちていません。それどころか子どもたちの自律を阻むようなことが平然と放置され続けています。サービス過剰はますます悪化するばかりです。

理由は、教育のあらゆる場面で手段の目的化が起きているからです。

その象徴がペーパーテスト至上主義です。

学習指導要領では子どもたちを自律した人間に育てるための手段として、知育（勉強）、徳育（道徳）、体育をバランス良く習得させるべきだと書いています。この手段が果たして最適解なのかはさておき、実際の現場で起きていることは極端に知育に偏った教育です。テストの点数を上げることが学校の目的と化し、できる限り知識をインプットし、回答用紙にアウトプットする力を伸ばそうと多くの学校が躍起になっています。

「点数を上げることが学校の目的である」という壮大な勘違いに気づけないでいると、今度はその手段として、つまずいたところを繰り返し復習させるということが起きます。

本来なら子ども自らの判断で、「ここはよく理解できていないからもう一度勉強しておこう」というふうに、自発的に、必要なときだけ繰り返せるようにしないといけないはずです。しかし、そこを教員がお節介からダメ出しをし、復習を「命令」に変えてしまうことで、子どもは自分の力で学ぶことができなくなります。

また、テストの点数アップが学校の目的となったことで、勉強時間を増やすことも大半の学校が手段として採用しています。手段は長年使われていると目的化します。

「机に長時間座っていることが正しい」という、壮大な勘違いが生まれる所以です。

振り返ると、ＯＥＣＤの学習到達度調査で日本がフィンランドに大きく引き離されたことを機に、日本の学校では宿題の量が大幅に増えました。その他、様々な反復練習を増やした結果、日本はフィンランドに追いつくことはできました。

でも冷静にみると、フィンランドの学校はそもそも宿題は多くありません。放課後に塾に通うこともありません。子どもたちの主体性を重んじ、勉強法を含めて自分に合ったスタイルやメソッドを見つけてもらうことを社会全体が共通認識として持ち、仕組みとして徹底することで、子どもの自律と学力の向上は同時に達成することができるのです。ちなみにフィンランドは国連の世界幸福度ランキングで1位であることも付け加えておきます。

本来なら日本もフィンランドのように少ない時間で成果を上げる方法を考えるべきなのに、日本の学校は勉強時間を増やして成果を上げようとする。教育の本質を忘れているだけではなく、働き方改革の真逆を行くのがいまの日本の学校です。

教育現場における手段の目的化はほかにもいくらでも挙げられます。

・授業ノートを取ることを強制し、点検し評価
・手帳をつけることを強制し、毎日点検
・成績をつけるために定期テストを実施
・担任制度
・作文（今年の抱負、行事ごとの振り返り）
・年度当初などに個人目標を作成させ、教室壁に掲示
・行動という結果よりも心の教育を重視した道徳
・服装・頭髪指導や理不尽なブラック校則
・協力することを目的とした、ほとんど誰も読むことのない新聞制作
・学級目標、学年目標などのスローガンの作成
・リーダー指導よりもフォロワー指導を重視した特別活動
・校門での毎朝のあいさつ運動
・無言清掃・無言給食（コロナ以前の話）

このあたりは私の著書でいろいろ書かせていただいているので、あえて細かい理由

は説明しません。むしろここではみなさんに、ひとつひとつの項目を、

「自律・尊重を妨げている教育活動はないか？」

「目的を見失った活動はないか？」

「非効率なもの、無駄なものはないか？」

この3つの視点から見直していただきたいのです。


麹町中学の経営改善にあたっては、3つの視点を常に意識しながら、子どもたち、保護者、教員が一緒になって制度改革に取り組んできました。そして前述のような慣習を次々と撤廃していきました。

一連の改革に対して「麹町では自由を重んじるんですね」とよく言われますが、私たちは自由を目的にしているわけではありません。教育の本質に立ち返って学校のあり方を見直した結果、要らないものをひたすら排除してきただけです。

学校に目的のない活動があれば子どもたちも最初は疑念を抱きます。直接文句を言う生徒もいます。しかし、それを教員から押し付けられ続けていると、そのうち「よくわからないルールは黙って我慢する」ということが習慣化し、疑問すら抱かなくな

ります。

しかし、このような子どもたちが果たして当事者意識を持って、さまざまな課題を能動的に解決していくスキルや姿勢を身につけることができるでしょうか。

「教育の本質を考えながら、ゼロベースで学校を書き換えよう」

麹町中学での6年間は、そんな気持ちでやってきました。

脳科学との出会い

学校改革に取り組んでいた最中、麹町中学の校長室を突然訪ねてくれたのが神経科学の専門家で本書の共著者でもある青砥瑞人さんです。エネルギッシュな青年で、脳科学について素人だった私に神経科学がどういうもので、脳にはどのような特性があって、教育においても活用すべきであるという話を熱く語ってくれました。

そこでの出会いをきっかけとしてはじまったのが、従来の研究方法を無視した、ある意味答えのない試行錯誤の実践的な研究会です。**「神経科学をエビデンスにしながら学校教育を本質から問いただす」**ことをテーマに、大阪市立大空小学校初代校長の木村泰子先生をはじめ、Facebook等で興味のある人たちを全国から広く集め、脳神経科学の知見を活用しながら学校運営システムや教育環境、生徒へのアプローチの仕方、人材育成の方法などを一から問い直していく場を設けました。

麹町中学において、後ほど説明する「3つの言葉がけ」という一般的な日本の学校では見られない子どもたちへのアプローチ方法が生まれたのも、脳神経科学のエビデンスとこの実践的な研究が大きな力となりました。

本書は約3年間にわたる研究の一部をまとめたものです。

研究会での議論を重ねるなかでキーワードとして絞られていったのが、本書の2大テーマである**「心理的安全性」**と**「メタ認知能力」**。本書では論点を明確にするために前半を心理的安全性、後半をメタ認知能力と分けましたが、両者は密接な関係にあります。

最近、ビジネスの文脈でも耳にする機会が増えた「心理的安全性」とは、端的にいえば「強いストレスがかかっていない状態＝心理的に安心できている状態」のことです。

のちほど青砥さんからご説明いただきますが、人間の脳が深い思考をしたり、理性的な判断を下したりするためには心理的安全性の確保が不可欠なのだそうです。その指摘から、研究会では「いまの日本の学校は果たして子どもたちが安心できる環境になっているのか。子どもたちに『失敗しても大丈夫だよ』と伝えることが学校や親の役目ではないのか」がひとつの大きなテーマとなりました。

とはいえ、心理的安全性が子どもの考える力を伸ばすために大切だと言っても、社会に出ればストレス要因はいくらでもあります。もし学校をストレスフリーにしてしまったら子どもたちはストレス要因を乗り越える訓練ができません。

そこで重要になることが、「失敗しても大丈夫だよ」という環境下（できるだけ脳が活発に動く状態）で、子どもたちに積極的にトラブルを体験してもらうことです。そのときの葛藤や失敗といったネガティブな記憶をポジティブな学びに変えていくときに使うのが「メタ認知能力」なのです。

「メタ認知能力」についても、後ほど青砥さんから詳しく説明がありますが、この研究を通して学んだ自分なりの理解で説明すれば、自らを俯瞰的に見て、自分自身をより良い方向に上書きしていく能力ということができます。麹町中学では「メタ認知能力」を子どもの自律において中心的なスキルと位置付けるようになりました。メタ認知能力は当人の課題解決能力や目標達成能力を大幅に底上げするだけではなく、新たな課題に直面したときに子ども自ら心理的安全性をつくりだす（ストレス要因をうまくいなす）能力も高めることになるため、激動の時代を生きることになる子どもたち全員に身につけさせたいスキルだと考えています。

先にお断りしておきますが、本書は学校改革マニュアルではありません。どう学校を変えるか、どこから変えるか、どの順番から変えるか、各学校によって最適解は異なります。もちろん保護者の方が読んでも、日々の子どもとのかかわりにおいて有益なものになるようまとめました。

この本で目指したいのは日本の教育のあり方に一石を投じることです。

本書がきっかけで教育現場や家庭で建設的な議論が活発になり、「教育の本質を問い直そう」「子どもが主人公となる教育を考えよう」といった動きが全国に広がることを願ってやみません。

工藤勇一

第1章

心理的安全性とは何か——

ストレスと脳機能のメカニズム

青砥瑞人

なぜ神経科学なのか？

神経科学――。

英語でニューロサイエンスと呼ばれるこの学問は、人間の脳の仕組みを分子レベル、細胞レベルで解明し、そこでわかったことを医学や我々の社会生活にフィードバックしていく新しい学問です。まだ日本では馴染みがないかもしれませんが、医学や薬学の世界はもちろん、人工知能や人材育成などの分野でも注目を集めています。

私はアメリカのＵＣＬＡで神経科学を学んだあと日本に戻り、教育を含む人材育成の現場にその知見を応用していく活動をしています。

「なぜわざわざ教育現場に神経科学を持ち込む必要があるのか？」

日本で講演や研修をしていると、このような質問を受けることが度々あります。たしかに教育の専門家のみなさんは豊富な経験則をお持ちです。しかし、経験則はあくまでも仮説にすぎません。せっかく脳に関するメカニズムが科学的に解明されてきたのであれば、それらを活用して仮説の裏付けをとったり、神経科学の立場からゼロベースで教育の本質を問いただしたりしていく試みは、教育界にとって決して無駄なことではないと思います。

そもそも我々が何かを考えたり、記憶したり、感じたりすることのすべてに脳が関与していることは私が指摘するまでもありません。

また、人が考えたり、記憶したりすることが人の成長や学びに大きなベクトルをもたらすこと、そして、人の感じるという行為がその人の幸せと密接につながっていることも、否定する人はいないでしょう。

「学び」と「幸せ（ウェルビーイング）」。

私はこの2つこそが教育の究極的なゴールではないかと思っています。すなわち子どもたちの脳を「率先して自分を成長させられる脳」かつ「率先して幸せな状態をつくることができる脳」に育てることです。

急速に進む「脳の見える化」

改めて神経科学の概要を説明させてください。

生命科学の分野では世界中の医学系論文を検索できるPubMedと呼ばれる巨大なデータベースが存在します。このPubMedで神経科学に関連する論文数を年度別に集計したものが別表です。2010年以降にかなりの研究が進んでいることが見て取

神経科学論文数の推移

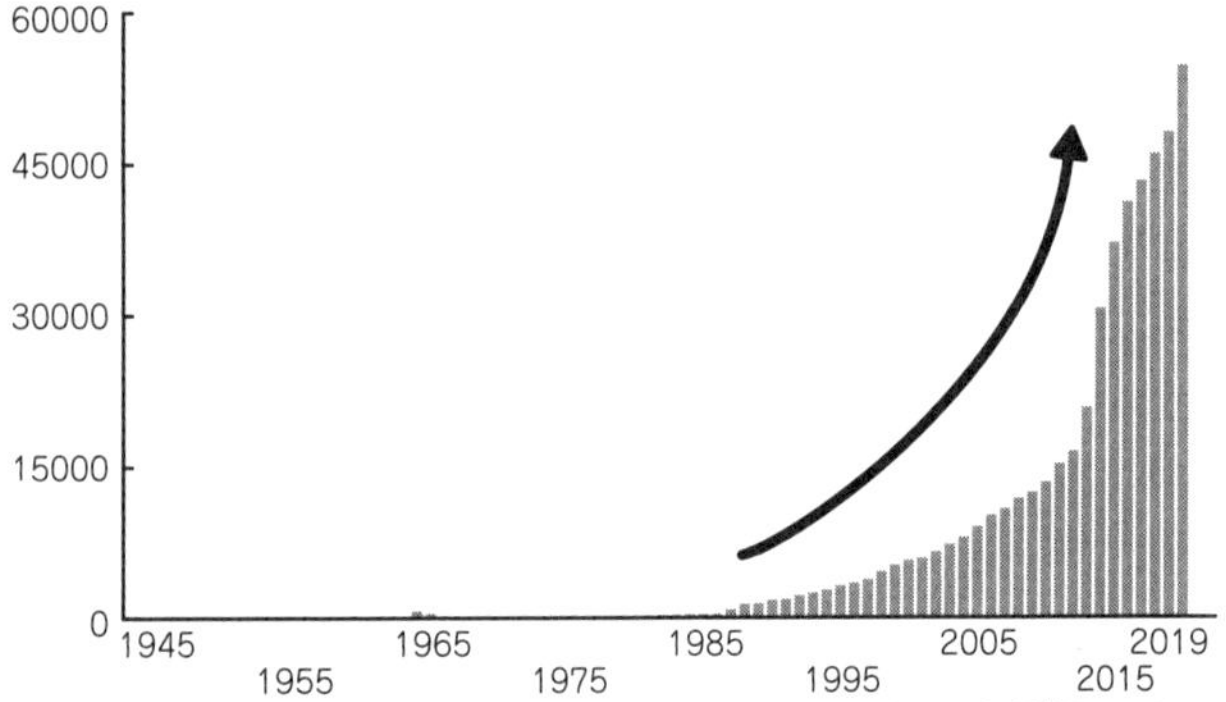

出典：National Center for Biotechnology Information Popular Resources のPubMed®での「Neuroscience」の論文検索結果数を基に作成

れます。

急激に研究が加速した理由は科学技術の発展です。それまでも脳を研究対象とする学問はありましたが、具体的に脳がどのようなメカニズムで動き、それが私たちの思考や感情といったものとどう関係しているのか、仮説は立てられても立証する術がありませんでした。

２０１０年以降の飛躍の引き金となったのは、任意の細胞を発色させることができる緑色蛍光タンパク質（ＧＦＰ、Green Fluorescent Protein）の登場です。下村脩博士が２００８年に「光るクラゲ」でノーベル化学賞を受賞したことをご記憶の方も多いでしょう。ＧＦＰは医療やバイオテクノロジーの分野で次々と採用されることになり、神経科学の分野でも応用が進みました。

その結果、人間の脳を細胞レベルでカラーリングし、可視化することが可能になり、人間の脳の仕組みを紐解く研究が一気に加速したのです。それまでもｆＭＲＩ、ＥＥＧ、ペットスキャンといった脳を可視化する技術はありましたが、細胞レベルで何が起きているか把握することはできなかったのです。

それまでニューロサイエンスというとアルツハイマー病のような個別の神経疾患に関する論文が大半を占めていたのですが、２０１０年を皮切りに神経科学は「脳全体の解明」、ひいては「人間の理解」という大きなゴールに向かって突き進んでいます。

当初の応用先としてはやはり医学や薬学が目立ちましたが、人の性質を紐解く学問ですから応用先がそこだけに留まるわけがありません。まず、神経科学をマーケティングの世界に応用した**「ニューロマーケティング」**と呼ばれる学術分野が大きなブームとして起こりました。その後、新たな応用先がいろいろと登場してくるなかで、教育の世界に応用した「教育神経科学（エデュケーショナルニューロサイエンス）」という学術分野も生まれました。

教育神経科学は2020年現在、ハーバード大学などの先駆的な学校で研究対象に取り入れはじめている状況です。

神経科学はまだ発展途上です。脳に関することをすべて理解できるようになったわけではありません。しかし、基礎研究が進んだおかげで人間の脳の特性に関してわかってきたこともたくさんあります。

わかってきていることに関しては積極的に活用していこうというのが現段階の神経科学の位置付けであり、本書もそのスタンスに立っています。

では現時点でわかっている神経科学の知見を、具体的にどのように教育現場に落とし込んでいくのが最適なのか。工藤校長をはじめ、多くの教育関係者と議論を重ねました。その過程で絞られていったキーワードが「心理的安全性」と「メタ認知能力」でした。

この章では、まず心理的安全性について取り上げますが、具体的な話に行く前に、人間の脳の特性全般を理解するうえで重要なことを3つ説明させていただきます。

これらの特性は心理的安全性やメタ認知能力の理解に役立つだけではなく、我々人間が日々直面しがちな課題の根本原因となっていることが多く、その事実を知るだけでも視界が開ける方が少なくないと思います。

脳の大原則①「Use it or lose it」

人間の脳は「Use it or lose it」と呼ばれる大原則で動いています。日本語にするなら**「使わなければ失くすだけ」**といったところでしょうか。

人の脳には約１０００億個とも言われる無数の神経細胞（ニューロン）が存在します。脳がさまざまな情報を記憶したり処理したりできるのは、神経細胞同士が神経回路（シナプス）と呼ばれるネットワークを通じて縦横無尽につながり合い、電気信号、化学信号を送り合っているからです。

このとき、普段から使っているネットワークはその状態を維持することができますが、使っていないネットワークは休眠状態になるわけではなく、回路自体を切ってしまうのです。

森のケモノ道をイメージするといいかもしれません。何度も通っている道は草や枝などの障害物が減りスムーズに通ることができるようになります。すると自然とその道が使われるようになり、さらにスムーズに往来できるようになります。しかし、逆にその道を使わない期間が長くあると雑草が生えて通りづらくなり、最終的には道がなくなってしまいます。一度塞がった道を切り開くのはかなりの労力を要します。

人の脳の中でもこれと同じことが起きています。よく使う神経回路ほどスムーズに電気信号を通すことができるようになり、逆にあまり使わない神経回路は脳が切り捨てていくのです。

その理由は、脳がエネルギー効率に関して非常に敏感だからです。

脳の質量は体重の約2％しかないにもかかわらず、体内で使われるエネルギー（グルコース）の約25％は脳で消費されると言われています。それだけエネルギーを消費するので、脳の構造としても無駄なエネルギーをできるだけ使わないように変化していく特徴があるのです。

一例を挙げると、脳内に張り巡らされている神経回路にはミエリン鞘と呼ばれる絶縁体のようなものがあります。信号がこのミエリン鞘の内側（軸索）を通ることで人は脳内でさまざまな情報をやりとりしていくわけですが、何度も使う神経回路のミエリン鞘は少しずつ太くなります。太くなると軸索を通る電気信号が漏洩する確率が減る。つまり、エネルギー効率がよくなるのです。

たとえば、ある情報を処理するときに最初のうちは10のエネルギーを要したとしましょう。しかし、その処理を何度も繰り返していくと3くらいのエネルギーでもシグナルが伝達できるように脳が変化していきます。

ただ、ミエリン鞘を太い状態で維持するだけでもエネルギーを消費するため、あまり使わない回路はどんどん細くなっていくわけです。

こうした脳のミクロな現象が我々の日常にわかりやすく現れるのが、いわゆる「習慣」です。たとえば私は行きつけのカフェにいくと、気がついたらいつも同じ席に座って、同じ飲み物を飲んでいます。これは私の脳が「このカフェではこの席に座ってこれを飲んでいると心地よい」ということを学習している証です。

習慣だけではありません。考え方、感じ方、喋り方、仕草にいたるまで、その人がやり慣れた思考パターン、言動パターンとは、**「エネルギー効率が抜群にいい回路」**が無意識のうちに選択されているだけです。


このように人が無意識のうちに選んでしまうネットワークのことを、脳の世界ではデフォルトモードネットワークと言います。デフォルトとは初期値という意味で、どんな回路が初期値として使われるかは過去の記憶によって決まってきます。日常生活のあらゆる場面で脳を全開に使っていたらエネルギーを大量に消費するばかりです。そこで意思決定をデフォルトモードネットワークに委ねることによって脳は省エネ運転ができるのです。

ただ、デフォルトモードネットワークはいいことばかりではありません。自分にとって好ましくない習慣もデフォルト化されてしまうことに注意が必要です。

理性的に考えるとマズイと思っていても、一度デフォルトモードネットワークにその行動パターンなりが組み込まれてしまうと、よほど意識しない限りその回路が勝手に使われてしまいます。

その状況を打開するためにはデフォルトモードネットワークを上書きする形で、いわゆる人間の「意志」や「理性」の力を借りないといけません。このときに使われる脳のネットワーク群をセントラルエグゼクティブネットワークと呼びます。のちほど説明しますが、脳のなかでもっとも高次な機能を担っている前頭前皮質によって脳全体に統制をかけている状態です。

このときに使う回路は普段使っていないわけですから、当然エネルギー効率がよくありません。気を抜いた瞬間に使い慣れた回路を使おうとしますから、常に意識し続けないといけません。エネルギーをドカ食いしますし、ストレスもかかります。

だから人はやり慣れたことをやめることがなかなかできないのです。人間の脳は10歳くらいまでは神経回路を柔軟につなぎ変えていくことができるのですが、それ以降は、一度つながった回路を組み替えることは容易ではありません。

しかし、まったく変えられないわけでもありません。

第三者の助けや仕組みの力などを借りながら、新しいネットワークでの情報処理や行動体験を繰り返していくことによって、細胞分子レベルの構造変化が起き、エネルギー効率のいい新たなルートが開拓されていきます。さらにそれをずっと続けていけば、最終的にはそれがデフォルト化する。こうして人のあり様は変わっていくのです。

ここでは、「Use it or lose it」の原則からわかる大事なことを改めて整理しておきましょう。

・その人の過去の体験や記憶がその人の脳（思考パターンや言動パターン）を形づく

る
・一度出来上がった脳を短期間で劇的に変えることは難しい
・脳の癖を変えるには、新しい回路を「意識的に」「辛抱強く」使い続けることが必要

脳の大原則② 人の意識は有限である

脳の特性としてもうひとつ理解しておきたいのは、人の脳は思っている以上に情報処理能力が限定的であるということです。

人の脳には情報処理をするときに使う作業台のような存在であるワーキングメモリーがあります。同時に使えるワーキングメモリーには限りがあるため、作業台に乗りきらない情報を脳は処理できません。このとき「どんな情報を作業台に乗せるか」を決定づけるのが、いわゆる「意識」や「注意」です。

人の脳には絶えず五感から情報が入ってくるわけですが、脳はそれらの情報の約1000分の1にしか意識を向けることができない（つまり情報処理ができない）と言われています。たったの1000分の1です。

たとえばみなさんが音楽を聞きつつ、マッサージを受けつつ、お菓子を食べつつ、本を読んでいるとしましょう。この時点で脳は4つの作業を同時に処理することはできません。音楽に意識が向いた瞬間、本の活字情報は処理できないでしょうし、お菓子の味が気になった瞬間、マッサージのことは意識の外にいくはずです（時間のある方は、ＹｏｕＴｕｂｅで「selective attention test」と検索してみてください。人は見えているようで見えていないことが実感できるはずです）。

人の意識が有限であることがわかると、意識の無駄遣いがいかにもったいないことか理解いただけるはずです。脳の作業台が雑多な情報やストレス、心配事などで散らかった状態のままでは、人は深い思考も高い集中力も発揮できません。

とくに第3章で説明するメタ認知は脳にかなりの負荷をかける情報処理をするため、いかに脳に不要なストレスをかけないかが肝になっていきます。

脳の大原則③ 人は本来、ネガティブ思考が作動しやすい

3つ目の大原則は人間の脳が本来的に持っている、自己否定に陥りやすい特性です。専門用語でネガティビティ・バイアスと言います。我々は普段の生活でもよく

「あの人はネガティブ思考だ。この人はポジティブ思考だ」と言いますが、人間は本来ネガティブ思考になりやすいのです。

自己否定に陥りやすい大きな理由は2つあり、そのひとつは脳に備わっている**「エラー検知機能」**です。

のちほど説明しますが、脳の前頭前皮質のある特定の部分は「外部のエラー検知機能」を担っており、計算ミスや誤字脱字などのエラーを検知するだけではなく、他人の欠点や弱点を見抜く機能を備えています。

また、前頭前皮質とは別の前帯状皮質と呼ばれる脳の部位には「自分のエラー検知機能」があります。こちらは自分の欠点や弱み、自分の中での異変に注意を向けさせることで生存確率を上げようとする先天的な機能です。

脳に「エラー検知機能」が備わっているなら自分や他人のポジティブなところを自動検知する機能があってもいいのにと思うかもしれませんが（私も学生時代、そう思いました）、脳のどこを調べても見つかっていません（意識的に見出すことはできます）。

これはつまり、人間は放っておくと自分に対しても他人に対しても粗探しをしてしまう生き物だということです。

自己否定に陥りやすいもうひとつの原因が、人間の記憶の引き出し方です。人が前頭前皮質で意思決定をするとき、過去の情報を引き出しながら総合的に判断するという処理をしています。そのときに使うデータとして、人はポジティブな記憶よりもネガティブな記憶のほうを強く思い出してしまう傾向があります。

たとえば新人営業マンが5回商談に臨んでそのうち4回成功したとします。確率論だけで考えると勝率8割ですから自信を持って次の商談に臨めばいいわけですが、そうはいかないのが人間です。1回失敗したときに相手から罵倒される辛い体験をしたとすると、先ほどのエラー検知機能も相まって、不安が先行してしまうことがよくあります。

「人間は感情の生き物である」という表現がある通り、いくら理性的に考えようと思っても人間は感情抜きで意思決定をすることは難しいのです。

人間が本来ネガティブ思考に陥りやすいと考えると、大人がいっときの感情に任せて子どもにダメ出しをしたり、否定的な言葉をかけたりすることが、いかに子どもの自己形成に悪影響を与えるか想像がつくでしょう。

子どもたちは褒められることよりもダメ出しされることに対して圧倒的に敏感です。「子どもにダメ出しをしたら、同じ分だけ褒めればいいでしょう」という話ではないのです。

一度否定されたことはネガティブな記憶として強固に保存され、それが自分の欠点として認識され続けることで**「解釈の拡大」**が起き、さらに「Use it or lose it」の原則でその回路が強固なものになることで、多くの子どもは自己否定の塊と化します。自信を持てず、新しいことにチャレンジする姿勢も生まれづらくなります。

こうしたネガティブ思考をポジティブ思考に変えるときに必要となるのが、自分のことを冷静な目で捉える能力であるメタ認知能力です。これについては第3章でまた取り上げます。

では次に心理的安全性について解説していきましょう。

グーグルが有名にした「心理的安全性」

最近「心理的安全性（Psychological Safety）」という言葉を目にする機会が増えて

います。文字通り「心理的に安全な状態」という意味であり、心理的安全性の反対のことを「心理的危険」と言います。

心理的安全性の概念をはじめて提唱したのは、ハーバードビジネススクールでリーダーシップや組織論の研究をされているエイミー・C・エドモンドソン教授です。1999年に『Psychological Safety and Learning Behavior in Work Teams』という論文が発表されました。日本では『チームが機能するとはどういうことか——「学習力」と「実行力」を高める実践アプローチ』（英知出版、野津智子訳）などの本が有名です。エドモンドソン教授は職場で個々の能力を引き出すためには心理的安全性の確保が重要であり、そのためには「否定されない環境」をチーム内につくることが肝要だと訴えました。

その後、この言葉を全国区に広めたのはグーグル社です。同社は組織の働き方に関する知見を集約した「リワーク（rework.withgoogle.com）」というウエブサイトを運営しており、2015年に同社の研究報告「チームを成功へと導く5つの鍵」を発表します。その1番目の鍵が心理的安全性だったのです。その定義を引用すると「不安や恥ずかしさを感じることなくリスクある行動をとることができるか」と書いてあります。

では心理的安全状態にあるとき脳の状態は具体的にどうなっているのか、神経科学の立場から簡単に説明しましょう。

人の脳には前頭前皮質と呼ばれる部位があります（前頭葉、前頭前野、前頭連合野と呼ぶこともあります）。人のおでこの裏から頭頂部にかけてある大きな部位で、脳のなかでももっとも進化的に新しく、人の思考や意思決定、感情抑制などさまざまな高次機能を担う重要な部位です。そのためしばしば「脳の司令塔」とも呼ばれています。

人は心理的安全状態にあると前頭前皮質が活発に動きやすいことがわかっています。「普段以上に動く」というよりは、その人が本来もっている前頭前皮質の機能が「邪魔されにくい」といったほうが正確でしょう。逆に、人は心理的危険状態にあると前頭前皮質の機能が著しく低下することがわかっています。

「心理的安全状態にする」とは、実質的に「心理的危険状態にしない」という意味でもあります。エドモンドソン教授が主張した「否定しない」というチーム内のルールも、メンバーたちの前頭前皮質がのびのびと活動できる環境をつくるためなのです。

ストレスがかかると脳はどうなるか？

では心理的安全状態と心理的危険状態を分かつものは何か？

鍵を握るのは「ストレス」です。

我々は普段から「ストレス」という言葉を使っています。しかし「ストレスとは何か」と言われても、意外と言語化ができません。ストレスとは「平時との差」によって生じる身体的・精神的な内部環境の変化のことです。人間は体内の生理的状態をできるだけ同じ状態で維持しようとする「ホメオスタシス」と呼ばれるメカニズムを有しており、**ストレスとはこのホメオスタシスが感じとるズレのこと**です。たとえば大勢の人の前でしゃべることが苦手な人でも、場数を踏むとストレスを感じにくくなるのは、その人にとっての「平時」が少しずつ変わることが理由です。

人間はストレスを感じるとまず脳の視床下部が反応し、次いで視床下部の真下にぶら下がっている下垂体と呼ばれるホルモンを調整する小さな部位が反応します。このとき下垂体からは「副腎皮質を刺激するホルモン」が分泌され、それによって刺激を受けた副腎皮質からコルチゾールというステロイドの一種が分泌されます（副腎皮質とは腎臓の上にくっついている副腎の分厚い皮のことです）。

コルチゾールは別名、ストレスホルモンと呼ばれ、これが血液に乗って全身をかけめぐります。ストレスを感じたときに心臓の鼓動が速くなったり、冷や汗が出たり、胃が痛くなったり、足が震えたりするのもストレスホルモンの影響です。

このストレスホルモンは当然脳にも巡ってきます。脳にはストレスホルモンを受け止める（結合する）受容体というものが細胞のなかに存在しており、ストレスホルモンが脳内にやってくると受容体が動き出します。

この受容体には2つの種類があると言われています。便宜的に、ここではタイプ1とタイプ2としておきましょう。

タイプ1は、ストレスホルモンを「いなす」ことが得意で、ストレスホルモンの量が少ないうちはタイプ1が優位に動く特徴があります。つまり、多少のストレスであれば脳は許容できるということです。

しかし、ストレスホルモンが増えすぎると状況が変わります。それまで動きを見せなかったタイプ2が「そろそろ俺の出番か」といって動き出すのですが、タイプ2はストレスホルモンとの親和性が低く、脳のさまざまな部位に影響を与えます。

とくに大きな影響を受けるのが扁桃体（アミグダラ）という部位です。扁桃体は我々の感情を担当しており、ここにも2種類の受容体があります。扁桃体の両タイプの受容体がフル稼働する状態になると、扁桃体は過剰活性を起こし、自らの生命を守るためのさまざまな反応を引き起こすことがわかっています。

わかりやすくいえば、扁桃体が過剰な量のストレスホルモンを検知すると脳内に「緊急事態宣言」を発出するようなものです。こうして緊急事態宣言が出された脳の状態のことを心理的危険状態と言います。

ファイト・オア・フライト反応

心理的危険状態の典型的な反応が「ファイト・オア・フライト反応（Fight or Flight Response)」と呼ばれるものです。ファイトは「戦う」。フライトは「逃げる」。つまり、人は過度なストレスを受けると戦闘モードに入るか逃走モードに入るかという両極端な反応をみせます。「火事場の馬鹿力」も実はファイト・オア・フライト反応の結果です。非常に原始的な反応であり、太古の昔に我々の先祖がサバンナを走り回っていたときから変わっていません。

同時に、人は心理的危険状態になると、直近の危機を脱するために必要な臓器のみに血流を集中させようとするメカニズムが働きます。その結果何が起きるかというと、前頭前皮質に血がまわらなくなり、一時的に統制が効かなくなるのです。

現代人の感覚では「危機に直面したときこそ理性（前頭前皮質）の出番だ」と思うかもしれませんが、人間の脳はそのようにできていません。危機に直面すると「新しい脳」の回路を切り、より本能的な「古い脳」を活発に動かすのが人間本来の脳の仕組みなのです。

こうした脳の反応は生存本能という観点から考えてみれば決して悪いことではありません。「ファイト・オア・フライト反応」も「前頭前皮質の制御を失うこと」も、理にかなっています。たとえば森を散歩しているときに茂みから巨大なクマが目の前に現れたとします。そのとき「あ、クマだ。珍しいから写真を撮ってインスタグラムにあげようかな……。いいね、もらえるかな……」と悠長なことを考える暇はないはずです。そこで脳は「考えるな！　さっさと戦闘モードに入れ！」もしくは「死に物狂いで逃げろ！」と反射的に命令を出すようにできているのです。

なお、人は恐怖に直面したとき「その場に立ち尽くす」という反応を示すこともあります。そのため「ファイト・オア・フライト反応」のことを「ファイト・オア・フライト・オア・フリーズ反応」と呼ぶこともあります。フリーズしてしまう理由のひとつも、前頭前皮質の統制が効かなくなって思考停止状態になってしまうことです。

ちなみに麹町中学の研究会でこの話をしているとき、大空小学校初代校長の木村泰子先生が自殺との関連性を指摘されました。非常に鋭いご指摘です。

ある人が自殺をすると周囲にいた多くの人は「なんであの人が」「自殺するような人に見えなかった」といった感想を口にします。しかし、それはあくまでも「平時」の人物像を語っているにすぎません。本人もおそらく心理的安全性が確保され、理性的な判断が下せる状態であれば「自殺なんてバカなことをするわけがない」と思っていたかもしれません。しかし、過剰なストレスに見舞われたことによって「普段の自分ではない自分」に豹変し、極端な行動に走ってしまう可能性を誰しもが秘めていることを、我々は理解しておくべきだと思います。

心理的危険によって失われる脳機能

ではここで、心理的危険状態に陥ったときに機能が低下する前頭前皮質には、そもそもどんな機能があるのか。主だったものを紹介しましょう。前頭前皮質は大脳皮質の3分の1を占めるほど大きく、担う機能も多岐にわたるためすべてをカバーすることはできませんが、ここであげる機能だけでも教育や子育てへの応用という点で重要な示唆を与えてくれると思います。

機能① 現実に沿った思考やエラー検知(dmPFC)

前頭前皮質にはdmPFCと呼ばれるエリアがあり、このエリアが担っているのが「現実に沿った思考や類推（現実性テスト）」や、「エラー検知」などの機能です。

「現実に沿った思考」とは、たとえばあきらかにイライラしている人に対してその人が気分を害することをすれば烈火のごとく怒るだろう、といった現実的な推論をする機能のことです。

「エラー検知」は先ほど説明したように、他人のミスに意識を向けたり、エクセルの細かい入力ミスに気づいたりするときに必要となる「粗探しをする機能」を指します。

これらの機能が失われると、「こうすればこうなるだろう」といった現実に即した推論ができなくなるため、普段では絶対にしない言動を引き起こして周囲を怒らせたり、迷惑をかけたりする可能性があるのです。またエラー検知ができなくなると、正確さが求められる細かい作業などでミスを連発するといった事態になりかねません。

ちなみにdmPFCとは神経科学の世界で使われる、脳の特定の「場所」を示すための記号です。このあともPFCという記号が何度も出てきますが、これは前頭前皮質（prefrontal cortex）の略。先頭のdは「背側」を意味するDorso、mは「内側」を意味するMedialの頭文字です。よってdmPFCは日本語では「背内側前頭前皮質」という表記になります。しかし、一般の方には日本語で書いても記号のようにしか見えないでしょうから、本書では潔く神経科学で使っている名称で通すことにします。

機能②　意識的な注意と思考（dlPFC）

2つ目の機能は神経科学の世界で「意識のトップダウンガイダンス」と呼ばれているもので、意識的な注意や思考のことを指します。わかりやすくいえば「脳を一点に集中させる力」といったところでしょうか。dlPFCというエリアが担当しています。

たとえばこの文章をみなさんが読んで理解できているのは、dlPFCが「この本のこの行に書かれていることに注意を向けろ」という指示を出し、脳のその他の部位がその指示に従っているからです。専門的にいえば「dlPFCによる統制が効いた状態」です。

「意識したことに注意を向けるなんて当たり前だろ」と思われるかもしれませんが、先ほど脳の大原則の1と2で説明したように、人の脳はどうしても無意識の思考パターンや言動パターンに引っ張られがちで、しかも人の意識は有限です。となれば、「いまはここに集中しろ」「いつもとは違う思考回路を使え」と脳全体に統制をかけることは脳機能的に非常に高度な作業なのです。

それゆえに自分をコントロールする力であるメタ認知能力を発揮するときは、心理的安全性を保ち、意識のトップダウンガイダンスが十分に機能する状態にすることが重要になってくるのです。

機能③ 不適切行動の抑制(rlPFC)

我々の脳は「こういう状況のときにこういうことをしてもいいのか、悪いのか」を日々の体験を通して少しずつ学習しています。入力(言動)に対する出力(結果)をセットにして学んでいくという意味で、**「パターン学習」**と言います。

脳の先端あたりに位置するrlPFCと呼ばれるエリアは、パターン学習で学んだことを元に不適切な行動をしないように脳にブレーキをかける機能を担っています。我々が普段反社会的な行動を取らずに理性的な行動が取れるのは、パターン学習のデータ（記憶）とrlPFCというブレーキのおかげなのです。

しかし、脳に過剰なストレスがかかるとこのブレーキが効かなくなります。普段ではしない不適切な行動をしてしまう可能性が高くなります。誰しもが「なんであんなことを言ってしまったのか」「なんであんなことをしてしまったのか」といった後悔をしたことがあるかと思いますが、それは多くの場合、過度のストレスが引き金となり前頭前皮質が機能不全に陥ったことで起こります。

ちなみにお酒を飲んだときに人格が豹変して暴力的な行動に走るケースも、メカニズムは似ています。飲酒の場合の引き金はストレスではなくアルコールですが、アルコールを摂取しすぎると前頭前皮質の機能が低下し、普段は理性（rlPFC）で抑え込むことができる自分の本能的な部分が露呈してしまうのです。

心理的安全状態

心理的安全状態

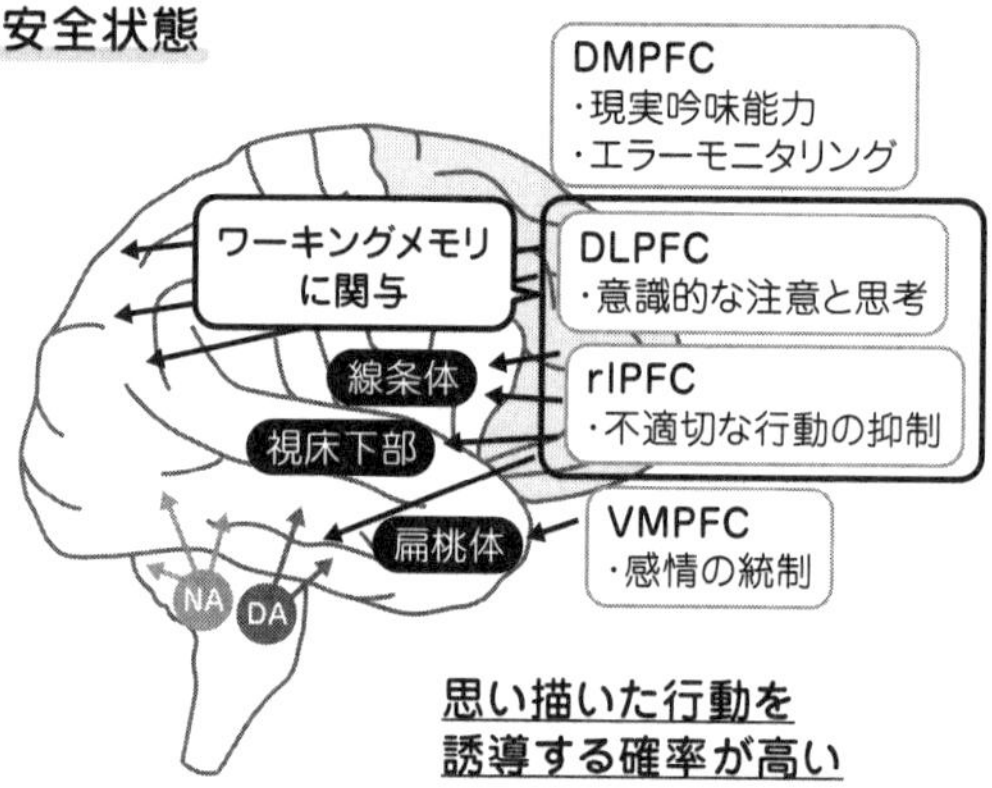

心理的危険状態

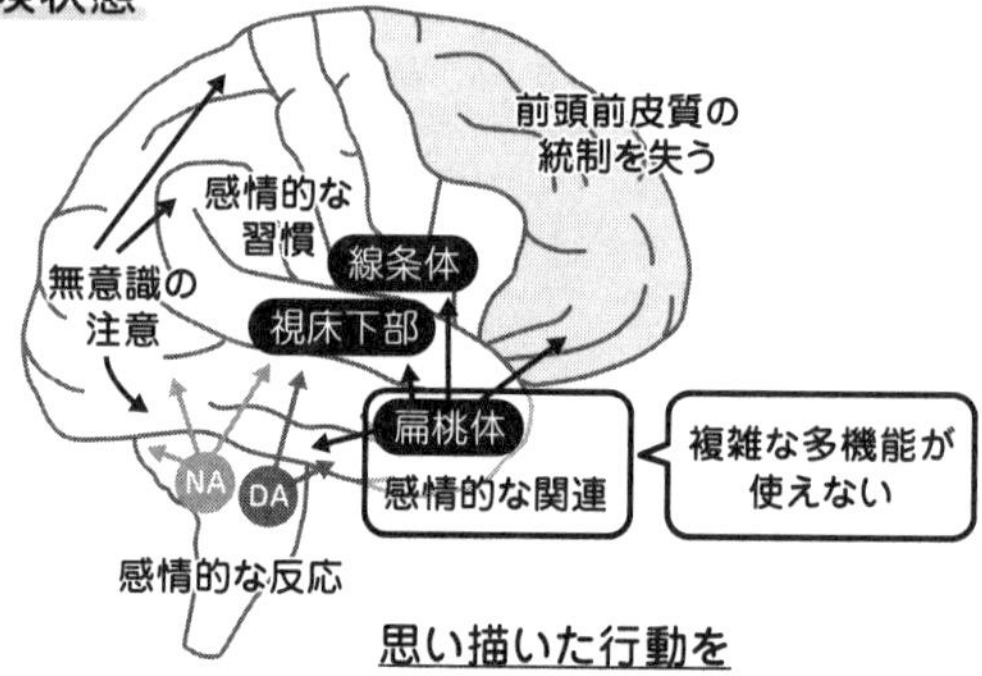
誘導する確率が低い

出典：Arnsten A. F. (2009). Stress signalling pathways that impair prefrontal cortex structure and function. Nature reviews. Neuroscience, 10(6), 410-422. をもとに作成。ただし、下線部と太線枠部分は著者による追記

機能④ 感情の調整（vmPFC）

前頭前皮質の代表的な機能の最後は、vmPFCと呼ばれる部位が担う「感情のコントロール」です。

人の感情自体は扁桃体（アミグダラ）が担当していますが、悲しいからといってすぐに号泣したり、怒ったりしたからといってすぐに大声をあげていては、スムーズな社会生活を送ることができません。vmPFCはそうした感情の爆発を意識的に抑え込む、重要な機能を果たしています。

これは我々大人もよく体験することです。ストレスが溜まっている状態のときに嫌なことが重なって起きると、つい感情が爆発してしまう。その原因は、ストレスがその人の許容量を超え、脳が心理的危険状態に陥り、感情のコントロールができなくなるからです。

ちなみに小さな子どもがイヤイヤ期などで感情が爆発しやすいのも、そもそも前頭前皮質が未熟なために感情のブレーキを持ち合わせていないからです。ブレーキ自体がないわけですからそこで親がイライラして「静かにしなさい！」と大きな声で叱っても、さらにストレスをかけるだけの悪循環に陥ります。

以上が前頭前皮質の主な機能です。いずれも我々が社会生活を送る上で重要な機能であり、人は心理的危険状態になるとこうした機能が著しく低下する可能性があるという原則を、ぜひ覚えておいてください。

子どもが心理的危険状態にあるかどうかを手軽にモニタリングできるのが理想なのでしょうが、現時点の技術では存在しません。しかし、ここで説明したことを覚えておくだけでも、目の前にいる子どもの「普段とは違う反応」や「大人に理解しがたい言動」が、もしかしたら過剰なストレスが引き金となっているのかもしれない、という推定はできるはずです。

幼少期の体験に左右される「反応のしやすさ」

「何をもってストレスと感じるのか（下垂体が反応するのか）」、もしくは脳内の「ストレスホルモン受容体の量」や、その「受容体の反応のしやすさ（発現頻度）」は人によってバラバラです。

たとえば、ストレスを受け取る受容体の量、ストレスホルモンを合成する量、ストレスを緩和させる化学物質の合成量、どれもDNAによって一人ひとり多少の差はあります。

しかし、「反応のしやすさ」に関しては幼少期の体験が大きな影響を与えています。

幼少期の脳は非常に柔軟で、どんどん変化していきます。そんな幼少期において過剰にストレスを受ける体験を頻繁にしていると、「Use it or lose it」の大原則に従ってストレスホルモン受容体を発動させる回路のエネルギー効率がよくなり、結果的に「ストレスに反応しやすい脳」になるのです。

「いつも怒られていたら、怒られることに対して耐性がつくのでは?」

という意見もあるかもしれませんが、実は逆です。幼少期にきつく怒られる経験をたくさんしている子どもほど、強いストレスがかかったときに攻撃モード、あるいは逃亡モードに変わりやすい脳になっている可能性が高いということが神経科学の見解です。

激しく怒られるほど頭に残らないという皮肉

教育現場において子どもたちを心理的危険状態に追い込む可能性のある因子はたく

さんあります。そのなかでもとくに子どもたちを心理的危険状態に「不必要に」追い込んでいる可能性の高い行為が、叱責やダメ出しでしょう。感情をむき出しにして怒る。場合によっては暴力も振るう。大声を出すまでには至らないまでも、子どもに対してダメ出しばかりを繰り返す。こうした光景が日本の教育現場では日常茶飯事です。

しかし冷静に考えてみると、教育や人材育成の現場で子どもたちを恐怖で支配する必要が本当にあるのでしょうか？

子どもを心理的危険状態に追い込むに値する指導的効果は本当にあるのでしょうか？　私は多くのケースで、実は誰も利することがない「負のスパイラル」に陥っていると感じます。

そもそも人を怒る行為は膨大なエネルギーを使います。しかし、それだけのエネルギーをかけたとしても、子どもが心理的危険状態に追い込まれたら言われていることに対して思考できなくなったり、注意を向けることができなくなったり、善悪の判断がつかなくなっている可能性があります。

ということは、子どもはまた同じミスをする可能性も考えられます。

しかし、子どもの頭が真っ白になっていることを知らない大人は「何度言ったらわかるんだ！」とますます強く怒る。激しく怒るほど子どもの頭に残りにくくなる。これではお互いストレスを溜め合う関係になりかねません。

もし本当に子どものためを思って指導をするのであれば、子どもが大人の言葉にしっかり耳を傾け、理解し、前頭前皮質を働かせることができる心理的安全状態をちゃんと確保したほうが子どもの学びにつながる可能性が高いのです。翻ってそれは大人のストレスの軽減にもつながるのです。

こうした発想の転換は子育ての現場では少しずつ浸透してきているように感じます。たとえば公園などに行くと、親の言うことをなかなか聞いてくれない子どもに対してすぐに怒鳴りつける親御さんがいる一方で、優しい表情と声のトーンを保ち、高圧的にならないように子どもの目線と高さを合わせ、相手の目をしっかり見ながら物事の道理を説明しようとする親御さんもいます。

同じミスを繰り返す子どもがいたとすれば、「子どもに問題がある」と考えるのではなく、「大人がそれをどう伝えているか」にも意識を向けてみてはいかがでしょうか。行動を改めてもらうことが目的であれば、感情的に怒ることはひとつの手段にすぎないはずです。子どもが行動や態度を改めてくれない原因が高圧的な指導の仕方にある可能性がゼロではないと客観的に知っておくことで、子どもとの向き合い方も自ずと変わってくるはずです。

もちろん、強く叱った結果、子どもが恐怖を回避すべく自分の行動を変えることはあります。心理的危険状態でも思考力が完全にゼロになるとは限らず、学習効果もゼロになるわけではないからです。よって、生命に関わることを注意したり、人を傷つけたりする行為を咎めるときに、あえてきつく叱って「本当にダメなんだ」ということを覚えさせることは、その子の人生にとって必要なことだと思いますし、だからこそ人間には子どもを叱る習性が身についたのだと思います。

ただしその場合でも、叱られている最中に言われた言葉はほとんど頭に残っていない可能性が高いため、子どもの気持ちが落ち着いた段階で改めて説明をすることが重要です。

怒られた記憶は感情とともに鮮明に残る

大人に叱られたことで心理的危険状態に陥ってしまった子どもは、何も学んでいないわけではありません。確実に学んでいることは「怒られた記憶」です。

扁桃体は人間の感情を担っていると言いました。この扁桃体は不安や恐怖の情動を引き起こしたり、ファイト・オア・フライト反応を引き起こしたりすることも大事な役割ではありますが、それ以外に「感情記憶」を保存する機能もあります。

扁桃体のすぐ上流には海馬という部位があり、両者は太い回路でつながっています。海馬は人間にとってのハードディスクのようなもので、記憶の長期保存に特化した部位です。ただし、海馬に保存されるのは「どんなときにどんなことがあったか」といったエピソード記憶であり、「そのときどう感じたか」という感情記憶は別途、扁桃体に保存されます。

そして、感情記憶を伴うエピソード記憶ほど海馬に強く保存されやすいことがわかっています。

つまり、どういうことか。

人は誰かからきつく怒鳴られたり叱られたりすると、言われたことはほとんど覚えていない一方で、怒られた事実とそのとき感じたショック、恐怖心、怒り、不安感、恥ずかしさといった情報は強烈に記憶されます。これも一種の人間の防衛反応であり、自分にとって有害な人物、危険な人物、敵対する人物は鮮明な記憶として残りやすいのです。

ためしにみなさんの学生時代の「先生の記憶」を引っ張り出してみてください。やたらと怒られた記憶ばかりが脳裏に浮かびませんか？「この人は自分のためにこんなに叱ってくれたんだ」といった解釈は時間が経ってからすることはあるかもしれませんが、怒られたときの感情記憶とは話が別。相手への恐怖心や不信感、警戒心はなかなか消えません。

子どもにあることを教える手段として子どもが恐怖を感じるレベルの指導をしている人がいるとしたら、本質的に伝えたいことが伝わっていないだけではなく、意図していないことが子どもの脳に刷り込まれている可能性が非常に高いのです。

叱っている大人が心理的危険状態

学校や家庭を子どもたちが心理的安全性を保ちやすい環境に変えていくときの最大のハードルとなるのが、「子どもを心理的危険状態に追い込みやすい大人ほど、本人が心理的危険状態に陥っている可能性が高い」という事実です。子どもの心理的安全性を保つためには、まずは大人が心理的安全状態にあることがなにより重要だということです。

感情が爆発しやすい人は本人も自覚があるはずで、怯えた子どもの目を見た瞬間に我に返って後悔する人が多いかと思います。

そういう方にアドバイスをするならば、どれだけ「キレやすい自分」を反省したところで根本解決にはなりません。感情は人間にとって必要なものであり、感情自体に蓋をすることは不可能です。本当に問題を解決したいなら、感情自体を責めるのではなく、感情反応を引き起こすプロセスに目を向けてみてはどうでしょう。

たとえば次のアプローチが考えられます。

1. ストレスをストレスとして感じにくくなるように考え方を改める

例）子どもは大人の言うことを聞くべきだ↓子どもの主体性を尊重すべきだ

例）恐怖で圧倒しないと意見が通らない↓平和的に意見を通す方法があるはずだ

例）子どもを引っ張るのが大人の役目だ↓子どもの成長を見守るのが大人の役目だ

2.子どもと向き合うとき「以外」の場面でのストレス要因を減らす
例)夫婦関係を改善する
例)睡眠をしっかり取る
例)定期的にストレス発散をする
3.自分がキレやすいパターンを自覚しておき、先手が打てるなら打つ
例)キレる前に部屋を出る
例)頭に血が上ったら、あえて無関係のことに意識を向ける
例)理想的な対応の仕方を普段からイメージトレーニングしておく

ちなみに方法3は、第3章で解説するメタ認知そのものです。怒ることを抑圧しようとするのではなく、怒らない状況にするためにはどうしたらいいかということを探求し続けて、脳に別の回路をつくっていく。自分の感情をちゃんと知ることによって、自分の感情とのうまい付き合い方を学んでいく。これがアンガーマネジメントの本質であり、そのためにもメタ認知は活躍するのです。

ストレスフリーがいいわけではない！

ここまでの話を聞いた結果、「なるほど。ストレスが敵なのか。では子どもを徹底的に守り、障害物もどんどん排除してストレスを感じにくい環境をつくってあげよう」と考えた方は少なくないはずです。講演や研修をしていても、とくに親御さんでこのような解釈をされる方が目立ちます。

しかし、話はそこまで単純ではありません。

たしかに子どもにまったくストレスをかけない環境を用意すれば、心理的安全は保てるでしょう。しかし、実際に社会に出てみれば悩み、葛藤、理不尽、重圧、失敗、後悔など、数え切れないほどのストレス要因が待っています。

子ども時代に「温室」で育った子どもが、果たして社会に出て自分の力で生き抜くことが可能でしょうか？　ストレス要因を取り除いてくれる大人がいないと生きていけない状態は、むしろ自律とは逆の「依存」状態です。

もちろん、過度に心理的危険状態ばかりをつくっている学校やクラス、部活、家庭があれば、子どもたちの心理的安全状態に意識を向け、前頭前皮質を活用しやすい環境に変えていくということが最優先であることは間違いありません。しかし、世の中からストレスを排除することなど不可能ですから、単に安全状態だけを提供するのではなく、子ども自ら心理的安全な環境をつくる術を身につけるためにはどのような寄り添いが可能なのかということを真剣に考えていく必要があります。

ストレス適応のメカニズム

そもそも人間はストレスに適応しようとする能力を兼ね備えています。

ストレスの正体はホメオスタシスが感じ取った差分だという話を冒頭にしました。ホメオスタシスは人間の拮抗状態を保とうとするメカニズムですから、ストレスに関しても人はストレスを受けると反射的に「ストレスを和らげよう」、「どうにかして適応しよう」とします。ただ、大人のストレス解消法がみんな異なることとまったく同じで、その子にとって何がベストな方法なのかは人それぞれです。

たとえば先ほど前頭前皮質の機能として「不適切行動の抑制」を紹介しましたが、不適切行動の例としてよくあげられる「ストレス下の暴飲暴食」なども、ストレス適応の一環としてよく見られる行動です。

参考までに、ストレス適応のメカニズムを解説します。

人間の神経系は、中枢神経系と末梢神経系（脳脊髄神経系）に分けられます。全身に伸びた末梢神経系の中には、自律神経と呼ばれる神経系があります。自律神経は「自律」という言葉からわかるように、本人の意思でコントロールすることが容易ではありません。自律神経には交感神経と副交感神経の2種類あり、前者は緊張しているときに活発になり、後者はリラックスしているときに活発になります。

この交感神経と副交感神経はシーソーのように拮抗的に働きます。ストレスが過剰な状態に置かれると交感神経が優位になりますが、同時に我々の体は副交感神経の動きを誘導しようとします。

副交感神経を優位にする行動パターンはいくつかありますが、実は「食べること」もそのひとつです。胃に何かが入ると胃腸が動き出し、胃腸が動くと副交感神経が優位になりやすくなります。

よって、ストレスが原因で暴飲暴食をしてしまう人は別に普段押さえ込んでいる食欲が暴走しているというわけではなく、「食べているとなぜか落ち着く。だから食べずにいられない」という状態になっていることが多いのです。

似たような理由で、「緊張しているときはガムを噛みたくなる」「ストレスがかかると爪を噛んでしまう」といったよくある癖も、ストレス適応の現れです。そう考えると爪を噛む癖がある子どもに対して大人が「みっともないから爪を噛むな」と叱ることは、少なくとも心理的安全をつくる文脈では、逆効果であることをご理解いただけるでしょう。

大人としてそこでやるべきことは、「また爪を噛んでいるな。どんなことがストレスになっているのだろう」と考え、子ども自らそのストレスを乗り越えるためにどんな支援ができるのかを、考えることです。

ちなみに「泣くこと」もストレス適応のひとつです。人は泣くことで副交感神経が優位になるだけではなく、ストレスホルモンのコルチゾールを涙に含ませて放出する機能を兼ね備えています。みなさんも仕事や育児で忙しい毎日を送っているときに、泣ける映画や小説をみたら、まるで「心のシャワー」を浴びたように心がスッキリした経験はありませんか？　スッキリするのは体内のストレスホルモンを物理的に捨てるからです。「泣きたいときは思いっきり泣きなさい」と世間でもよく言われますが、神経科学的にもその通りなのです。

私にも小さな娘がいて、自分の思い通りにいかないときによく泣きます。私は泣くことは子どもの仕事だと思っているので、無理に止めることはありません。「この子はいま一生懸命ストレス適応しようとしているんだ」という感覚で見守るようにしています。

世間ではよく「体育会出身者はストレス耐性が高い」と言われます。体育会系出身者はストレス耐性が高い人が多い（と少なくとも思われている）理由は、私が思うに、厳しい環境でなにかを最後までやりきった人ほど「自分なりのストレス適応の仕方」を経験的に身につけているからではないでしょうか。

どんな人であってもストレス反応をそのまま受け止めて、ひたすら歯を食いしばれる人は滅多にいません。ストレスを緩和させようとする働きが自動的に起こるはずです。それを何度も体験していくと、「自分はどういうときにストレスに反応しやすくて、どんなことをすれば反応が薄らぐか」ということに気づく人が出てきます。

たとえばそれは信頼できる友人と話をすることかもしれませんし、苦痛を感じやすい練習メニューをゲーム性の高いメニューに変えてみることかもしれません。もしくは、辛いときほど自分の夢を再認識してドーパミン性モチベーションを引き出すことかもしれませんし、課題を細かく分割することでかかる負荷を低減させることかもしれません。

そういった具体的な方法は大人から教わることもあれば、無意識のうちにやっていることもあります。

結局、ストレス耐性を上げるためには「強い意志力」をもつことよりも、自分のストレス反応とのうまい付き合い方、ケアの仕方を、経験を通して体得していくことが重要です。

ですから大人として意識したいのは、かける必要のないストレスは排除しつつ、少しずつストレスの経験を積ませてあげることです。ひいてはそれが子ども自ら心理的安全をつくる能力につながっていきます。

適度な「やらなきゃ」は脳を活動的にする

そもそも心理的危険状態とはストレスホルモンが「過剰」な状態のときの話です。ストレスホルモンが「適量」のときは、むしろ我々の認知力や注意力、記憶定着率、集中力（収束思考力）などを高めることが知られています。

たとえば仕事の納期が迫るなかで「ヤバイ！　ヤバイ！」と言いながらものすごい

集中力で仕事を仕上げる体験は誰しもしたことがあるかと思います。そのとき脳には間違いなくストレスがかかっているわけですが、同時に「生産的な脳」になっていたと感じたと思います。

では何が脳にブーストをかけるのか。

その正体はノルアドレナリンという神経伝達物質です。世間一般でもよく「アドレナリンが」という表現を使いますが、正確にはノルアドレナリンと言います。実はこれもストレスホルモンの一種で、脳内でも分泌されますが、コルチゾールと同じように副腎皮質からも分泌されます。

ノルアドレナリンが分泌されるのは「やらねばいけない」という強い使命感を感じたときです。わかりやすくいえば「お尻に火がついたとき」。言ってみれば**ノルアドレナリンは人のモチベーションを高める「やる気スイッチ」**のひとつです。

ただし、ノルアドレナリン性のモチベーションには弱点があります。

ひとつはノルアドレナリンが過剰に分泌されると脳に不具合を起こすこと。攻撃的になったり、パニックやヒステリーを誘発させたりする恐れがあることがわかっています。もうひとつは、脳の活動性は上がるものの、「集中する対象がコロコロ変わりやすい」という特徴があるのです。

私も締め切り間際に仕事を家でしていると、脳は冴えているのに台所の料理の音が急に気になったり、子どもが一人遊びをしているときの声がやたらと気になったりすることがあります。職場で働いている方であれば、普段は気にならないコピー機の音や同僚の笑い声などに敏感に反応してしまうといったことです。

これは脳全体の活動性が上がった結果、あらゆることに感度が上がってしまうことから起きる現象です。

理想的なモチベーション「ドーパミン」

人間にはノルアドレナリンの弱点を補う神経伝達物質があります。それがドーパミンです。医学の世界ではＤＡと表されることが多く、私が代表を務めるDAncing EinsteinのＤＡが大文字なのも、このドーパミンからきています。

ドーパミンが分泌されるのは「やりたい！」「知りたい！」「実現したい！」といった、自分発信の、前のめりの強い願望や欲求を持ったときです。ドーパミンの重要な機能のひとつは、ノルアドレナリンと同時に分泌されることで、ノルアドレナリンだけでは目立ってしまう「気の散りやすさ（non preferred direction）」を低減してくれることです。

子どもがゲームに夢中になりすぎて大人の声が耳に入らない状態や、趣味に没頭していて時間を忘れる状態というのは、脳がドーパミン性のモチベーションによって突き動かされている状態です。

よって、子どもたちの脳のパフォーマンスを最大限引き出したいなら、心理的安全性を保ちつつ、ノルアドレナリンとドーパミンの両方が分泌された状態を実現していくことが最も効率的です。

私もこうした脳のメカニズムがわかっているので、仕事でやたらと気が散ってしまうときはすぐに自分を俯瞰的に見て「いま自分はやらされている感覚が優位になっている。ドーパミンをもっと出さないといけない」と判断し、「やりたい」という気持ちが少しでも高まるように「この仕事にはどんな意味があるのか？」「この仕事を終わらせたらどんないいことがあるか？」といったことを再認識するようにしています。かかる手間としてはほんのわずかなことですが、たったこれだけで周りが全然気にならなくなり、生産性が飛躍的に上がる経験を何度もしています。

私が感じている日本の教育の課題は、ドーパミン性のモチベーションを活用できる場面がほぼ皆無だということです。子ども本人の「やりたい」または「どうしたいか」という気持ちが大人の都合で無視される場面があまりに多いことが、子どもたちの学びの弊害になっているのではないかと考えています。

「あれをしなさい」「これをしなさい」

と、子どもたちのノルアドレナリン性のモチベーションを喚起する環境はいたるところにあるのです。むしろそれが多すぎて、精神的に追い詰められている子どももたくさんいます。

かつての日本にはドーパミン性のモチベーションに基づく教育が存在していました。寺小屋や私塾です。師弟関係というと非常に厳しくて心理的危険に陥りやすいイメージを持たれるかもしれませんが、少なくとも「この師匠から学びたい！」という自発的な動機で学んでいた子どもたちに関しては、その厳しさはいい効果をもたらしていたのではないかと想像できます。

子どもたちを心理的危険に追い詰めないという前提を守りながら、ノルアドレナリン性とドーパミン性モチベーションをうまく使って子どもの脳の力を引き出す。こうしたことを踏まえて教育のあり方を吟味していくことで日本の教育は劇的に改善していくのではないかと期待しています。

もちろんそのときに注意しなければならないのは「一人一人のストレスの反応性は違う」ということです。

たとえば学校で先生がA君とB君に対して同じ怒り方をしても反応の仕方は違ってきます。A君は「なんか生ぬるいな」くらいしか感じていなかったとしても、B君は心理的危険状態に陥って前頭前皮質が機能しなくなるかもしれないのです。ですから、子どもには、あくまで「自分で」自分を上手に追い込むやり方を見つけたり、あるいは「自分で求めて」トレーナーのような第三者に追い込んでもらえるようになってほしいと願っています。

このように、ストレス反応がバラバラで、やりたいもバラバラだとすると、必然的に教育のあり方も多様でなければならないと確信しています。

一斉型の授業が必ずしも悪いことだとは言いませんが、やはり「それだけ」ではバランスを欠いていると感じます。これからの時代において価値を発揮するのは個性であり、独自性であり、その人にしかない独創性です。クラスに30人いれば30通りの好奇心、その探求があっていいのではないでしょうか。最新のデジタル技術を駆使すれば、決して夢物語ではないと思います。

自己肯定感がストレス耐性を上げる

子ども自ら心理的安全を感じやすい人間に育ってもらうため大人にできることは、ストレス適応の仕方を学んでもらうこと以外に、「ストレスをストレスとして感じにくい脳」に育てることも重要です。

実はそのもっとも効果的な手段は、**子どもの自己肯定感を上げること**です。自己肯定感とは「自分ならできる」「自分ならなんとかなる」という自己イメージのことです。

子どもの自己肯定感を育む重要性は教育や育児の世界でよく言われるようになりました。

実は自己肯定感は心理的安全と深い関係があり、ある研究によると自己肯定感が高い状態にあるほどストレスホルモンの分泌量が減ることがわかっています（Creswell,

Welch, Taylor, Sherman, Gruenewald, & Mann , 2005)。

自己肯定感が高いとは、自分に対する自信がある状態ですから、その分だけ脅威や不安を感じにくくなる、というのがそのメカニズムです。

しかし、自己肯定感はある日他人から「もっと自信を持ちなさい」「自分ならできると信じなさい」と言われたところですぐに持てるわけがありません。ポジティブな自己イメージを脳内に持つためには、「自分を肯定的に捉えるための情報」が脳に十分記憶されていることが不可欠だからです。

否定されない環境をいかにつくるか

周囲からいつもダメ出しをされたり、問題児のレッテルを貼られたりしている子どもは、ネガティビティ・バイアスによって自己否定に陥っているケースが多いわけであり、その状態から自己肯定感を育んでいくには、自己肯定感が高められる環境にどっぷり身をおき続ける経験をしないといけません。

具体的には次のような環境です。

・否定されない

・自分の意志が尊重される
・失敗が咎められない
・他人と比較されない
・できていることをちゃんと評価される
・成功体験を積むことができる
・自分の成長を実感できる

まさに工藤校長が麹町中学で実現した環境です。このような環境は日本ではまだまだ少ないですが、欧米では珍しいことではありません。

一例を挙げます。私の妻は元インターナショナルスクールの校長で、いまでは子どもたちの個別指導をしています。彼女が面倒を見ている中学生の女の子は日本の学校からインターナショナルスクールに移りました。その子に学校の違いについて何気なく尋ねたら「インターナショナルスクールの方が絶対にいい」と言います。その理由は「日本の学校にいると否定され続けるから」。非常に重い言葉です。

もちろんインターナショナルスクールにいけばいつも褒められるわけではないもの

の、少なくとも否定されることは滅多にありません。

それは私もアメリカ生活で感じました。現地では普段の会話から自分の考えを含め、自分のことを開示していくことが当たり前になっていますが、そのときアメリカ人がよく使う返答が「interesting（興味深いね）」。実際には「よくわからない」「共感できない」と思っているときに多用される言葉ですが、まったくトゲがないどころか、ポジティブな印象を受けます。はじめてこの言葉を聞いたときは、個人の違いを尊重する文化ならではの言葉だなと思いました。

相手を否定する言葉は増幅していきます。

先生から受けるネガティブな指摘が親に伝わると、親もそのことに意識が向きやすくなるので、追い打ちをかけるようにネガティブな情報を浴びせるようになります。すると本人もことあるごとにそのことに意識が奪われ、気がついたら脳内は自分に関するネガティブな情報で溢れ、どんどん自信がなくなり、脅威に敏感になり、ストレスも過剰な状態になっていきます。

しかも日本の場合、工藤校長がしばしば指摘されるように「子どもの問題は大人が勝手につくりあげただけ」というケースがほとんどです。子どもの特性がたまたま既存のルールやシステムに合わないだけなのに、「なんでこんなことができないんだ」「ほかのみんなはできているだろう」「黙って言うことを聞きなさい」と叱り続ける。「君はありのままでいいんだよ」と本気で言ってくれる大人がいない。これでは子どもが自己肯定感を持てないのは自明です。

ちなみに前述の中学生の女の子は、日本の学校に通っているときはストレスの影響から精神的に安定しない一面がみられました。それがインターナショナルスクールに行きだしてからは心に余裕が生まれるようになり、あらゆるものごとに対しても前向きに取り組めるようになり、結果的に成績も見違えるようによくなりました。

「未知への恐怖」を「新しいことへの期待」に変える

子どもの心理的安全性を考えたときに、麹町中学校の校訓でもある、新しいことに前向きに取り組んでいける進取の気性はひとつの重要なキーワードになると思います。

いまの時代はVUCAの時代と言われます。ボラティリティ（変動性）が高くて、先行きが不確かで、物事の複雑性が増し、さまざまな定義が曖昧になっていく時代。

そこに追い打ちをかけるようにコロナ禍が世界を襲いました。このような環境において、未知なるもの、新しいものに対して拒絶反応ばかり示していては不安と不満が増大するばかりです。当然、心理的危険状態になりやすくなってしまいます。

未知なること、新しいこと、失敗するリスクを伴うことに対して不安を感じることは脳がもっている本来的な反応です。それらが自分の生命を奪ったり、危害を与えたりする可能性があるからです。

しかし、脳が「Use it or lose it」の大原則で動いている限り、「未知を乗り越える体験」を繰り返していれば、未知への恐怖を薄めることはできます。

・なにかに挑戦して成功した体験
・失敗しても責められなかった体験
・失敗から学べた体験
・工夫すればなんとかなった体験

こういった体験を繰り返していれば、「未知への恐怖」が「新しいことへの期待感」に変わっていくのです。

しかし、そうした体験はなにも大人が無理強いする必要はありません。子ども本人が「やりたい！」と本気で思っていることであれば、多少の山くらいは自力で登ろうとするものです。

だからこそ大切なのが、周囲の大人が子どもたちの好奇心やチャレンジ精神のようなドーパミン性モチベーションを刈り取らないことです。

人間は不安の感情を本能的に持っていると同時に、好奇心も本能的に持っています。とくに子どもたちは本来、好奇心の塊です。そして、その好奇心を引き出すSense of Wonder。「これってなんだろう？」「なぜそうなるのか？」「ちょっとやってみたい」といった、子どもの内側から湧き出す感情です。工藤校長の言葉を借りれば「当事者意識」そのものであり、当事者として課題と向き合うからこそ「こんなときはどうすればいいいんだろう？」という前向きな思考ができるようになるのです。

しかし、自分のやりたい感情に突き動かされた行動に対して周囲からネガティブなフィードバックを受けたり、行動に制約がかけられたりする環境で育てられることによって、人は自分発信の「やりたい」衝動に対して蓋をしてしまうようになります。

それだけではありません。言われたことをこなして褒められる体験を何度も繰り返すことで脳はパターン学習をして、「言われたことをこなしている方が心地よい」「冒険することはよくないことだ」と判断してしまうのです。

子ども自ら心理的安全状態をつくれるようにするためには、とにかく子どもを否定しないこと。そして子どもがやりたいと思うことを尊重して、本人なりに試行錯誤を経験してもらうことです。

第2章

子どもが安心できる環境をつくる

――工藤勇一

子どもたちを心理的危険に追い込む教育現場

青砥さんの説明、いかがだったでしょうか。ハッとさせられることが多かったと思います。

人はストレスが許容量を超えると心理的危険状態に陥り、理性的に自分をコントロールすることが難しくなる――。

私も子どものころは学校でよく叱られたので、青砥さんの説明を聞いたときは納得感がありました。みなさんも子どものころによく叱られた人であれば、「たしかにそうだ」と思うでしょう。

たとえばADHDなど発達に特性のある子どもが授業中に自分の衝動を抑えられなくなったときに教員が叱りつける行為に出ると、その子はますます感情をコントロールできなくなったり、不適切な行動を止められなくなったり、理性的に考えることができなくなる。その様子をみた先生が、事態をおさめることができない自分に対する恥ずかしさも相まって、感情が爆発し、ときにはダメだとわかっているのに子どもを殴ってしまう。

こんな悲しい光景が全国の学校で見受けられます。

実はこのとき、子どもも、先生も心理的危険状態に陥っている可能性が高いわけですね。もちろん教員・生徒の間だけではなく、親子間、先輩・後輩の間でもよくある光景です。

学校だけを見ても子どもたちを心理的危険に追い込むストレス要因は叱責だけではありません。

・校則
・体罰
・対人関係
・仲良く
・部活動
・団結
・通知表
・宿題
・テスト

・偏差値
・平均点
・受験
挙げればキリがありません。いまの日本の学校に通っている子どもたちの中には、こうしたストレス要因に押しつぶされそうになりながら、必死に毎日を過ごしている子どもが少なくありません。

私たち教育関係者は、現在当たり前となっている教育環境を、子ども一人ひとりの脳の発達にどのような悪影響を与えているのかの視点で、改めて見直していく必要があるのです。

心理的安全を高める2つのポイント

子どもの成長には身体の成長と脳の成長があるわけですが、脳の成長は知識を詰め込むことだけではありません。脳を思う存分使いながら、考える力、創造する力、対話をする力、感情をコントロールする力などをさまざまな体験を通して鍛えていく。それが社会に出たときの生きる力の礎になります。

しかし、学校や家庭が子どもにとって緊張感や嫌悪感、不信感に満ちた環境だとすれば、子どもの脳にはストレスがかかりっぱなしで脳を訓練するゆとりがもてません。子どもの脳を自由にすくすく伸ばしていくためには、できるかぎり子どもの脳に不要な負荷をかけず、心理的安全状態に保っておくことが重要です。

そのためには学校は2つのことを並行して実現する必要があります。

ひとつはやはり教育の現場を、子どもたちが安心できる環境にしていくことです。キーワードで言えば「失敗しても大丈夫だよ」「失敗こそが学びなんだよ」ということに尽きます。これを単なる標語で終わらせるのではなくて、すべてが許される環境を整えることが重要です。

そうは言っても、いつも安心安全な場所をつくることが可能かというと、そうではありません。社会にでればいろいろなトラブルがあります。そういったトラブルや環境の変化などからくるストレスに強い脳をつくっていくことも、子どもの成長のために必要です。つまり心理的安全状態を自らつくることが得意な脳を育む、ということです。

教育者の役割はこの2つに集約されると思います。

思い返すと教育界で「ゆとり教育」が盛んに言われていたとき、「ゆとり教育」を誤解している人が多かったので、私は子どもたちや保護者に対して「物理的な時間を増やすことより、ゆとりを感じることができる力を育てることの方が大切だよ」とよく言っていました。

たとえば学校では学級委員と部活の部長と文化祭の実行委員長をやりつつ、友達づきあいもよくて、受験勉強もちゃんとできるような子どもが学年に何人かいます。はたから見るとものすごく忙しいように見えるのですが、本人はそれを楽しんでいたりします。

一方で、学校の活動にはほとんど参加せず、家ではゲームばかりやっていて、受験の時期が近づいたら急にパニックになって「忙しい！　時間が欲しい！」と言い出す子どももいます。

その違いは何かといったら、タイムマネジメントを含む、自分で自分をコントロールするスキル（主にメタ認知能力）があるかどうかです。

子どもたちに「ゆとり」を与えることが目的なら、時間を一律に増やすことは対症療法的な手段にすぎません。本質的な解決方法は「ゆとり」を自らつくり出せる能力を身につけることであり、ある程度のストレスがあることではじめて自分をコントロールする力の限界を知ることができるのです。

子どもに自己決定を促す「3つの言葉」

安心できる環境をつくることと、ストレスに強い脳をつくることが同時にできる、魔法のような言葉があります。麹町中学では「3つの言葉がけ」と呼んでおり、子どもに何かトラブルが起きたとき、全教員がその対応方法の指針としているものです。もちろん、保護者にもできるだけ家庭で使ってもらうよう紹介しています。

その言葉とは以下の3つです。

1. **「どうしたの?」**(「なにか困ったことはあるの?」)
2. **「君はどうしたいの?」**(これからどうしようと考えているの?)
3. **「何を支援してほしいの?」**(「先生になにか支援できることはある?」)

これは全国の学校や家庭、職場ですぐに使うことができます。

麹町中学は日本政治の中枢である永田町の真隣にある土地柄、経済的に裕福で教育熱心な家庭が多く、地元の子どもたちのほとんどは小学受験や中学受験をします。いまでは教育方針に対する知名度も上がり第一志望で入学する生徒の割合も増えましたが、私が校長になった当初は、新入生のほとんどが中学受験に失敗した第二志望以下で入学してくる子どもたちでした。

そのため毎年4月になると、校内は傷付いた子どもたちで溢れます。主体性を失った、劣等感いっぱいの子どもたちが山ほど入ってきます。なかには小学生のときに長い間不登校だった子どもが、麹町中学に一縷の望みをかけて入学してくることもあります。

そういった子どもたちの多くは自己肯定感がとても低く、自分のことが嫌いです。そうやって自己否定に走っている子どもの特徴は、自分が置かれた環境が嫌いだということです。

「学校なんて信頼できない」
「親も大人もみんな嫌いだ」
「先生なんかみんな敵だ」

「信用できる友だちなんているわけない」

彼らを、当事者意識を持って、主体的に考え、判断し、行動する自律した人間に変えていくことを、麹町中学では「リハビリ」と呼んでいます。このリハビリの中心的な役割を担うのが「3つの言葉がけ」です。子どもの心理的安全を保ちつつ、メタ認知の訓練をしていく手段として、いまのところこの言葉がけに勝るものを知りません。

第1の言葉がけの「どうしたの?」で、子どもの置かれている状態を言語化してもらいます。メタ認知に必要な自分の内面に意識を向ける訓練にもなる言葉であると同時に、子どもが何をしても頭ごなしで叱らない、ことがポイントです。

第2の言葉がけの「どうしたいの?」で、子どもの意志を確認します。自分の置かれた状態を解決するための方法を、頭のなかで考えてもらうためのきっかけづくりです。

第3の言葉がけの「先生にできることはある?」で、問題解決の手助けをします。実際には大人から選択肢を与える形になることが多いですが、どんな支援を受けるのか、もしくはそもそも手助けを受けないのかを判断するのは子どもです。同時に、教員がサポートをする意志を表明することで、子どもも「先生は味方である」と認識するようになり、それがさらなる心理的安全性に寄与します。

3つの言葉がけを大人が繰り返すことで、結果的に麹町中学の子どもはひたすら自己決定をするしかない環境に置かれることになります。

これは子育てでも大事なことですが、親が口や手を過剰に出すことなく、常に子どもに自己決定の機会を与えていくと自己肯定感が高まり、自ずと自信と主体性が付いてきます。なぜなら自己肯定感とは「自分は自分のままでいいんだ」という自分にOKを出す感覚だからです。

自己決定させることはどんなに小さなことでも構いません。とにかく、子どもでも決められるにもかかわらず、大人が勝手に決めてしまうことが子どもの自信と主体性を奪っていると、まずは理解しないといけません。

学校に対して不信感いっぱいな状態で入学した子どもたちも、教員全員が「3つの言葉がけ」を繰り返すことで、早い子で7ヶ月、遅い子でも1年半くらいあれば、当事者意識をもって課題解決に当たっていくことができるようになります。こうした子どもたちの変化に伴い、不登校の子どもや、いじめが減っていきます。学校を視察に来られた方々は決まって落ち着かない1年生のクラスの様子と3年生の穏やかな様子のギャップに驚かれます。

ポイントとしては「子どもを頭ごなしに叱らない」ことと「子どもに決めさせる」という2本柱を同時に実現していることでしょう。「叱らない」だけだと学校は野放図になるだけですし、子どもに決めさせてもそれを大人が毎回批判していれば、決めることが嫌になります。この2本柱が同時にあることで、「あ、この学校は失敗しても大丈夫なんだ。やり直せばいいんだ。いろいろなことにチャレンジできるんだ」という安心感が生まれるのです。

「3つの言葉」で子どもはこう変わる

3つの言葉が子どもの意識をどう変えるのか、具体例を使って紹介します。

麹町中学では毎年4月、5月の時期には、授業中に教室を飛び出す子どもが1年生のどのクラスにもひとりはいます。あっという間に雲隠れするので先生が気づいたときにはもういません。職員室に連絡が入ると、先生たちも手慣れたもので「僕は1階から探します」「私は6階からトイレを中心に見てきます」と残っている先生たち総出で探索がはじまります。

生徒を見つけると教員は怒った表情を一切見せずに、第1の言葉がけである「どうしたの？　なにか困ったことがあったの？」と尋ねます。普通の学校なら「お前、何やってんだ！　さっさと教室戻れ！」と怒鳴りつけられるのが一般的でしょうから、この時点で子どもは驚きます。

とはいえ、これだけだと「怒られなくてラッキー」くらいの認識なので、すぐに心を開いてくれるわけではありません。とくに入学したばかりの子どもは学校や先生を信頼していないので、暴言を吐く子も大勢います。

「なんで学校に来る必要があるのかわかりません」

「あの授業、クソつまんないんだけど」

「なんのために英語なんて勉強するんですか」

「あの先生、僕のこと嫌いだと思うんですよね」

と、いろいろありますが、パターンはだいたい一緒です。

それを聞いて教員はどうするかというと、その言葉を否定するのではなく、そのまま受け入れます。「なるほどなぁ」「そうかぁ」と子どもの話をちゃんと聞く。その上で、第2の言葉がけ、「それで君はこの後どうしたいのよ」と聞くのです。

いきなり「君はどうしたい？」と聞かれても、自分で考える習慣のない1年生ではなかなか答えられません。問題に直面したら人のせいにする癖がついているため頭が動きませんし、そもそも学校を信じていないのでどこまで自分の要求が通るかわからないからです。子どもの中には「え？ この先生、俺をバカにしているのか」といった感じのリアクションを取る子もいます。

返答を待っていても事態が動かないことも多いので、先生はここで第3の声がけを使いながら、子どもに選択肢を与えます。

「先生になにか支援できることがないかな？ まあ、そうだな。僕にせいぜいできるとすれば、別室を用意してあげることぐらいかな。だから君はいまから元の教室に戻って1時間我慢して授業を聞いてもいいし、僕が用意できる別室に行って好きなことをやってもいい。どうする？」。

こういうと、ほとんどの子どもは「じゃあ別室にいます」と答えます。そのあとも「1時間でいいかい？」「1時間でいいです」といったやり取りが続きます。

ここで注目していただきたいのは、最後は必ず自分で決める形にしていることです。

授業に集中できない子どものために別室を用意することはどんな学校でもある話です。ただ、ほとんどの学校では教室に無理やり連れ戻された子どもがまた暴れたりして、「お前は別室にいろ！」とみんなの前で叱られ、強制的に別室に移動させられます。

無理やり別室に連れていかれた子どもは自己決定をしていないので、そのことに対して不満に思います。しかし、自分の意思で別室に行った子は、不満を感じるどころか、「自分って嫌われていないんだ」「先生って敵じゃないんだ」という感覚が少しずつ芽生えていきます。

大人が叱る手段をとってしまうと、子どもの頭はパニック状態になり、「この状態から早く逃れたい」という思考しかできません。これではまた同じことを繰り返すだけでしょう。そうではなく、できる限り子どもを心理的危険状態に追い込まず、思考の余地を残してあげることが重要です。

最初のうちは教員から選択肢を与えられる形で自己決定をしていた子どもでも、それを何度も繰り返していくうちに自己決定をすることに慣れていき、自分がどうしたらいいのかを本人なりに考えるようになります。

これが当事者意識の芽生える瞬間です。つまり、自分の抱える問題を人のせいにせずに、自分ごととして考えられるようになるのです。

「また教室を飛び出したいと思っている自分がいるなぁ。でもそれって得策じゃない気がするんだよなぁ。誰にも迷惑がかからない方法ってないのかなぁ」といった具合に、いろいろ考え出します。

それから数ヶ月もすれば、自分が苦手な授業の前になると子ども自ら職員室に顔を出し、自分が信頼する先生に「今日はめちゃくちゃ調子が悪いから、次の授業は持ちそうもありません。別室に行っていいですか?」といったことを相談してくるようになります。

「いいよ。じゃあ今日はなにしてようか」と聞くと、最初のうちは先生から渡されたタブレットでYouTubeを見ることくらいしかできなかった子どもが、「いま読んでいる本があるので、それを読んでいてもいいですか?」「数学の勉強をしていてもいいですか」といったことを言いはじめます。

心理的安全性が保たれた環境で何度も繰り返し自己決定をしていると、どれだけ当事者意識のない子どもでも、こういうことができるようになるのです。

「叱る」を目的にしない

学校や家庭を子どもが安心できる場所に変えていくときにまず大人が意識したいことは、「大人たるもの毅然とした態度で叱るべきだ」という思い込みを捨てることです。叱ることは子どもの意識の矛先や考え方を変えていくうえでのひとつの手段にすぎないのに、叱ることが目的化している大人は少なくありません。

叱ることが一概に悪いわけではありません。麹町中学でも子どもの命に関わることに関しては、迷うことなく叱ると全教員で共有していました。しかし、それ以外のことでは、頭ごなしに叱ることはありません。もちろん体罰のような暴力行為はもってのほかです。なぜなら「子どもがどう変化するか」という「結果」のほうが大切であり、「叱る」という行為は、そのための手段にすぎないからです。

青砥さんから解説があったように、そもそも大人がどれだけ長々と説教をしても、子どもの頭は真っ白になって伝えたいことが半分も伝わっていないかもしれません。ダメ出しをしたことが記憶に強烈に残って自己否定が増長されるかもしれません。叱った大人に対する恐怖心や嫌悪感が増し、精神的な結びつきが失われるかもしれません。

そういったネガティブなインパクトをすべて想定したうえで「それでも叱る価値がある」と判断したのであれば、叱ればいいと思います。そこまで考えていないのであれば、これを機に考え方を改めてみてはどうでしょうか。

「叱ること」が目的化するとよく起きるのが、子どもたちに対して「平等に叱ろう」と思ってしまうことです。どこの学校でもよく見かける光景です。

たとえば問題行動を起こす子どもは、登校してから下校するまでいろいろな先生から叱られ続けます。その子は自分の行動をコントロールする術をまだ身につけていないだけなのですが、平等に叱ることが正しいと思い込んでいる先生から見れば、その子は叱る対象になってしまうのです。子どもにとってはたまったものではありません。

優れた教員は、もしそんな生徒がいたとしたら、本当に大切なことを伝えないといいけないとき以外は叱りません。実際に叱る必要があるときでも怒鳴りつけるようなことはほとんどしません。

なぜならその子はすでに何度も叱られてストレスがオーバーフローしているはずだからです。

もし子どものことを真剣に考えているのであれば、叱り方はその子の置かれている状況や特性に応じて変わっていくのが自然なはずです。一定の基準で平等に叱るということは、一見正しいことのように思えて、実はそうではないのです。

多くの場合、このように叱り方を調整していると、たまに叱られるくらいの子どもが決まって「先生はえこひいきしている」と言うようになります。実際、多くの教員は「えこひいきだ」と思われることが嫌で、極端に平等を意識しています。

えこひいきだと言われたら、私はこんな風に生徒に言っていました。

「僕はみんなのことを同じように大切に思っているよ。だから、叱り方を変えているんだ。もし君と同じ基準であの子を叱ったら、あの子は朝から晩まで叱られることになるんだけど、君はそれを望んでいるの？　もし君が彼の立場なら耐えられると思うかい？」

すると大抵の子どもは「あ、そういうことか！」と納得してくれます。

家庭でもよくあることです。

親は子どもの性格を一番よくわかっていますから、最初のうちは兄弟がいても叱り方を変えたりします。しかし、ある日子どもから「えこひいきしないでよ」と言われると、愛情が偏っていると勘違いされたくないあまりに平等に叱るようになる。するともともと傷つきやすい子どもがストレスの許容値を超えてしまうことが起こり得ます。

繰り返しますが、叱ることは手段であり、最優先すべきは子どもの成長です。

もちろん、教員の仕事をしている限り、子どもを叱らないといけない場面もあるはずです。ただそのときも杓子定規にただ叱るのではなく、いかに子どもたちの気分を害さないかを考えて、叱るタイミングや叱る順番、叱る強度、叱る場所といったものを調整していく一手間が大事だと思います。

大人にもできないことを求めない

学校を子どもが安心できる場所に変える、ある意味で最も即効性の高い方法は、大人でもできないような理想的な人物像を子どもたちに求めないことです。

・みんなと仲良くしましょう
・一致団結しましょう
・心をひとつにしましょう
・差別の心をもってはいけません
・人を思いやる心を持ちましょう
・どんなことにも忍耐力を持ちましょう
・感謝の心をもちましょう

ほかにもいろいろあります。これらには共通点があって、すべて「心」の有り様の話をしています。こういうマインドの持ち主になることを目指しなさいと言っているわけですね。しかし、現実問題、このような「理想的な人間」はこの世にどれだけいるのでしょうか？　厳しい修行を積んだ宗教家でもなかなかいないはずです。中国の思想家、孔子でさえも70歳の頃になってようやくできるようになったと言っています。

しかし、日本の学校では「こうあるべきだ」という線引きを高いところに最初に引いてしまうので、そこに至らない状態を「不幸なこと」「恥ずべきこと」だと感じてしまう仕組みになっています。理想を掲げるのは悪いことではありませんが、**理想に近づくための「技術」をセットにして教えないと、子どもにストレスをかけるだけで**す。

たとえば教員や親から「クラスのみんなと仲良くしなさい」と言われ続けている子どもは、どうしても仲良くできない子どもがいると「自分は仲良くできないダメな子なんだ」と不要なストレスを抱えます。発達に特性があり、コミュニケーションが下手で、そもそも仲良くするのが苦手な子にとってはなおさらです。

本来、大人が子どもたちに教えるべきは、「みんな考え方も育った環境も違うんだから、仲良くできない人がいて当たり前だよ。人と仲良くすることは難しいことなんだよね。でも、仲良くできるようになったら素敵だね。仲良くなるための方法を考えてみようか」といった、現実的な処方箋であるべきです。

差別や思いやりにしてもそうです。人間は自分と異なるものを嫌う、利己的な存在である事実を認めたうえで、「差別する心は簡単に消せるものじゃないかもしれないけど、差別しない行動だけは意識すれば誰でもできるようになるよ」と子どもに伝えないと、子どもはマインドの方ばかりが気になって行動を変える意識が生まれません。

そのため麹町中学では「心の教育」よりも「行動の教育」を重視していました。たとえば希望者を募って行うリーダー研修では「人は動かないものだ」ということを口すっぱく教えます。人は動かないことが前提になることで、人が動かなかったときに自信を失うのではなく、「じゃあどうやったら人を動かすことができるんだろう？」と建設的な思考ができるようになります。

感情のコントロールもそうです。人はイライラするものだし、人を傷つけることを言ってしまうものだというところをスタートラインにすることで、「じゃあどうやったら上手にコントロールできるのか？」という発想が湧いてきます。

このようなことを毎日続けることで子どもたちの意識と行動が変わって、3年生くらいになるといじめがほぼなくなっていきます。多くの生徒たちが、人は違って当然だと言うことを深く理解し、他者を責めることなく自分なりの対処法を考えることができるようになっているので、クラスに少し変わった子がいたとしても「あいつとうまく付き合うにはこうした方がいいだろう」と考えることができるのです。

「失敗してもOK」を徹底する

失敗を許せる環境をつくることができれば、子どもたちは毎日のびのびと学校生活を過ごすようになり、物事を前向きに考えようとします。

しかし、学校という巨大組織で「失敗してもOKな環境」をつくることは、一朝一夕ではできません。管理職と教員。教員と教員。教員と生徒。生徒と生徒の間で「人は失敗をするものだ」「完璧な人間なんていない」「失敗を咎めない」の共通認識が浸透しないと、本当の安心感は生まれません。

たとえば校長の私が教員に対して「3つの言葉」を徹底しなさいと言っているのに、私自身が教員を怒鳴りつけるようなことをすれば、教員も生徒のミスを咎めるようになります。

そのため私は部下を頭ごなしに叱ることはしないよう心がけています。

当然、人はミスを犯します。麹町中学でも小さなミス、小さな事故はときどき起きました。そのとき私が全教員に必ず言ってきたことがあります。

「今回はこういう事故が起こったけど、この責任を誰かに負わせたり、『一人一人がもっと気をつけましょう』みたいな言葉だけで解決できるものじゃない。今後、どれだけ意識していてもミスは起こる可能性がある。そもそも人は誰でもミスをするものだ。ヒューマンエラーはいつ起きてもおかしくない。人を責めずに仕組みを責めてほしい。学校経営を改善するためには、ヒューマンエラーが起きづらくなる仕組みを考えていくことが大切だ。ヒューマンエラーが起きても事故につながらない仕組みとは何か？　事故が起きても最小限の被害で食い止められる仕組みとは何か？　そういうことを教員全員で徹底的に話し合ってほしい」と。

失敗が起こると人はついつい人を責めたくなるものです。「日頃からいい加減なことをやっているからそうなるんだ。要らない対応までしなきゃいけなくなって迷惑だ」と考える者がいるのも当然かもしれません。また、むしろミスを頻発する職員がいてくれて逆に気が楽だと思っている者がいることもあります。自分の評価が相対的に上がり、心理的な安全圏に入ることができることを知っているからです。これは職員間でのヒエラルキーやいじめの構造が常態化しやすい理由のひとつでもあります。

ただ、そうした構造が生まれる根本的な理由は、「人は誰でもミスをする」という当たり前の事実を、周囲の同僚が受け入れることができないからです。

この「受け入れる」ということは、のちほど解説するメタ認知の核心部分です。「注意力が散漫」という課題が浮き彫りになったところで、本人に「反省」を促しても何も学びがありません。大事なことは「反省」ではなく「受け入れる」こと。本人はもちろん、周囲もそれを受け入れた瞬間、「じゃあ組織として、個人として事故を防ぐためにはどんな仕組みにすればいいのか」ということを考えられるようになります。

若い教員が保護者対応で失敗することもよくあります。するとその教員はものすごく落ち込んで、自信を失います。「私、教員に向いていないんじゃないかと思います」と言いだす人もいます。

そこで私はこう言います。

「そんな失敗、ここにいる先生みんなやっているよ。起きたことは気にするな。保護者対応に失敗したんだったら、その後どうするかが大事じゃないか？　いまの事態をどうやったら解決できるか考えてみようよ。僕だったら逆にこれをチャンスに捉えて、どうやったら保護者の信頼を得られるかって考えるけどな」。

失敗を受け入れるには、過去に目を向けないことが大事です。過去に目を向けると安心安全な環境は得られません。学ぶためにいいですが、反省するために過去を見るなら最初から見ないほうがいい。「常に未来のことだけを考える組織にしよう」と私はよく言っています。

こういうことを教員レベルで何度も繰り返していると、教員の子どもに対する態度は劇的に変わります。「大人だって未熟なんだ」ということを受け入れられるようになるわけですから、「子どもが未熟なのは当たり前だろう」という意識に変わるのです。

「3つの言葉がけ」はどの学校、どの家庭でも活用できるものだと考えます。

しかし、「失敗してもOK」という意識の変化が徹底されていない状態で「3つの言葉がけ」を使おうとしても、思い通りにはいかないでしょう。子どものしたことを「許せない」と思った瞬間に、強いストレス反応が起き、心理的危険状態になり、感情が爆発するからです。

青砥さんが指摘されたように、人の思考パターンを変えるには新しい回路に意識的に刺激を与え続けないといけません。ですからとにかく大事なことは「失敗を受け入れる」「完璧な人間などいない」という意識を強く持ち続けることです。子どもの失敗を咎めそうになっている自分に気づけたら、「いやいや、そういう自分だって失敗するだろう」と思い返してみてください。

何度も繰り返していれば、脳の反応の仕方が変わっていきます。

大人が完璧な人間を演じない、目指さない

失敗が許される環境をつくるうえで意外に忘れがちなのが、教員や親が完璧な人間を演じようとしないということです。「子どもから尊敬される存在でありたい」。もしくは「ロールモデルとしてなんでもそつなくこなせる理想的な大人を見せてあげたい」という気持ちはよくわかります。しかし、完璧さを演じれば演じるほど、子どもは自分が犯した小さな失敗さえ汚点のように感じるようになり、それが子どもたちの心理的安全性を脅かします。

実は私も教員になった1年目は子どもたちに尊敬されたいという気持ちから、自分のいいところばかりを必要以上にアピールしていた時期があります。そのうち調子に

乗ってきて、教員になる前にはしたくないと思っていた説教を、朝の会で当たり前のようにするようになりました。

するとと見事なまでに生徒との心の距離が離れていきました。私がよく叱った子どもが私を敵視するようになったのはもちろん、私のことを慕ってくれていた生徒までもが離れていきました。

そしてある日の放課後、思い切って生徒に問いかけてみたところ、はっきり言われたのです。

「先生って、自分だけいい人になっていないですか？」

この一言に、

「ほんとだね。ごめんごめん。すっかり忘れてたよ」

と返しましたが、その日からというもの私は積極的に自己開示することを心がけるようになりました。特に一日の始まりである朝の会では自分の過去の恥ずかしい失敗談を積極的に語るようにしました。

当時は、まだ子ども時代の記憶が鮮明に思い出せたので、私が子どものときにしたいたずらや、人を傷つけてしまった話、ドジをふんだ話、大恥をかいた話など、ときにクイズ形式にしながら面白おかしく語ったのです。子どもたちも「先生でもそんな失敗してたの！」と驚いていました。その驚きの量は、私が完璧な人間を演じる過程で子どもたちの間につくってしまった壁の大きさそのものです。

そうやって毎朝、私をネタにクラスで大笑いするようになったら、すぐにクラスの雰囲気は元に戻りました。いま思えば、大上段からの説教を聞かされていた子どもたちは心理的安全状態ではなかったのでしょう。

小さなお子さんがいる家庭などで、「子どもが失敗を怖がって新しいことになかなかチャレンジしてくれない」と悩まれている方は多いはずです。そんなときの特効薬は「失敗してもいいよ」と口すっぱく伝えることではなく、**親自らが失敗している姿、試行錯誤を繰り返している姿を積極的に見せるというシンプルなこと**だったりするのです。

それを散々見せたあとに「失敗なんて当たり前なんだよ」と言語化してあげることで、はじめて子どもたちも頭で理解できるようになるのです。

大人が完璧を目指すと、多くの人は自分を責めます。

「至らないお母さんでごめんね」

「先生の力不足で申し訳ない」

こうやって大人が自分のことを責め出すと、子どもは何かを責めることを学習して、自分のことを責め始めたり、実際にその大人を責め出すということが起きます。するとそこに問題意識が行ってしまって、当事者としてなにができるかといった思考に至らないのです。こういった負の連鎖はとくに家庭でよく見られます。

もし子どもが「友達のお母さんはこうなのに、なんでお母さんはできないの！」と言ってきたら、心情的には辛いかもしれませんが、「勝手にそんな期待しないでよ。完璧なお母さんがじゃなくて悪かったわね」と笑って返すのが一番かもしれません。

人と比較しない

子どもにとって大きなストレス要因となりやすいのが、他人との比較です。いまでは個人情報保護の観点から生徒の成績を貼り出す慣習はなくなりましたが、人と比べることで子どものモチベーションを高めようとすることは、依然として日本では当たり前の感覚です。

「絶対にレギュラーを取ろうぜ」

「全国大会で優勝しようぜ」
「今度は10番以内に入ろうぜ」
「テストで平均点以上を取ろうよ」
といった目標設定を子どもに押し付ける教育です。

人と比べる教育が無意味だというわけではありません。サッカーの本田圭佑選手のようなタイプなら合っているでしょう。「1番じゃないとダメだ！　だから1番になるための努力をしろ！」と言われ続けながら、自分を追い込む。こういったエリート教育はごく稀にいる超ストイックな子どもか、天才的な才能を持ち合わせた子どもには有効かもしれません。

しかし、頑張ってもトップ集団に追いつくことができない、もしくはそもそもトップ集団に追いつくことに興味がないほとんどの子どもには、まったく有効ではありません。

大人の一方的な価値観の押し付けによって自信ややる気を失い、才能の芽が摘まれてしまった子どもは本当に大勢います。麹町中学でも受験に失敗して自暴自棄になっている子どもたちをたくさん見ているので、子どもたちの気持ちが痛いほどよくわかります。特に地域から親御さんは社会的、経済的に成功されている方が多く、「東大早慶に行くのが当たり前」「クラスで一番なのは当たり前」といった偏った価値観のなかで育てられてきた子どもは肩身の狭い思いをしています。

仕事であれば、もちろん結果にこだわることは仕方のない話だと思います。しかし、学校は職場ではありません。たくさんの試行錯誤ができる、社会に出るための準備期間でなければいけません。

あえて結果ということに注目して述べれば、いま結果を求めることより、結果を得ることができるようになるための自分なりの方法を身につけていくことの方が大切です。特に失敗の経験は非常に大切です。失敗を通して工夫した方法は確実に自分のものとなります。そして、繰り返し経験をすることによって定着した能力はその後の人生で幾度となく自らを助けてくれることになるはずです。そのためにも学校や家庭は失敗が許される環境でありたいものです。思い通りにいかないときでも周囲の大人が温かく見守ってあげる。そういう安心感がある場を子どもたちに用意してあげたいものです。

学校で子どもに身につけさせるべき能力は、青砥さんも指摘されたように**「自分を成長させていく力」**です。その力は膨大な知識を暗記することで身につくようなものではありません。

自分の成長に必要な視点は自分の変化を時系列で追っていく視点であり、他人との比較ではないはずです。

たとえるなら、学校はゴルフで言えば打ちっ放しや練習ラウンド、野球で言えばバッティングセンターや練習試合です。練習試合なのにまわりの大人が「なんだ、そのプレーは！」と怒ってきたら、どんな子どもでも萎縮してしまい、のびのび練習などできません。

こう言うと、親御さんの中には「受験は練習じゃない！」とおっしゃる方もいますが、受験というものをあまりにも本番扱いしてしまい、親子で一緒に戦わなきゃなんて思って取り組むと、追い込まれた子どもたちは試行錯誤をする余裕などなくなってしまいます。運悪く受験が失敗になった時には、失敗を必要以上に恐れてしまう臆病な子どもに変化させてしまうことさえあります。

麹町中学では子どもたちが人と比較するきっかけとなりそうなものを、できる限り排除しました。テスト関係でいくつか紹介すると、定期テストそのものを廃止し、単元テストを導入しましたし、本人が希望すれば再テストを受けることも可能にしました。もちろんテストの平均点を知らせることもありません。常にいまの自分と未来の自分を比較し、成長するためには何が必要なのかに注目させたかったからです。

子どもの「やりたい!」を叶える部活

子どもの学校生活で大きな比重を占めることが多いのが部活です。体罰やしごき、勝利至上主義、精神論ばかりの指導など、まだまだ日本の部活の多くは子どもにとって安心できる環境にはなっていません。

「たとえどんな部活の状況があっても子どもが自ら進んで選んでいるのだから、ドーパミン性(「やりたい」)のモチベーションが高いのではないか?」と思われる方もいらっしゃるかもしれません。しかし、子どもたちは体罰やしごきを求めて部活に入るわけではありません。そのスポーツなり、楽器なり、テーマなりに対して純粋に「やってみたい」という感情が先行しているはずです。

であれば、学校における部活動の最上位目的は「楽しむこと」であるべきではないかと私は思います。

日本の部活は指導者の価値観（それは主に自分が過去に受けた指導方法）が優先され、時折、「勝つこと」や「一致団結」「根性・気合」が最上位目標にされてしまいます。その結果、休日返上の長時間練習や指導者による日常的な怒号、軍隊のような上下関係などが当たり前だとされ、部活がまったく楽しいものではなくなり、才能があっても指導者や先輩に潰される子どもがあとを絶ちません。

繰り返しますが、勝利至上主義が有効なのはごく一部の子どもだけです。学校は子どもたちをふるいにかけるエリート養成所であってはいけません。

ここで、スポーツ指導者が言及することもあり、ネット上でも有名になったデンマークのサッカー協会の10か条について紹介します。

①子どもたちはあなたのモノではない。
②子どもたちはサッカーに夢中だ。
③子どもたちはあなたとともにサッカー人生を歩んでいる。
④子どもたちから求められることはあってもあなたから求めてはいけない。

⑤あなたの欲望を子どもたちを介して満たしてはならない。
⑥アドバイスはしてもあなたの考えを押し付けてはいけない。
⑦子どもの体を守ること。しかし子どもたちの魂まで踏み込んではいけない。
⑧コーチは子どもの心になること。しかし子どもたちに大人のサッカーをさせてはいけない。
⑨コーチが子どもたちのサッカー人生をサポートすることは大切だ。しかし、自分で考えさせることが必要だ。
⑩コーチは子どもを教え導くことはできる。しかし、勝つことが大切か否かを決めるのは子どもたち自身だ。

ドキッとさせられる言葉ばかりかと思います。部活だけではなく、学校や家庭でもそのまま使える内容です。

青砥さんが指摘されていたように、子どもが「やりたい！」と思えることを見つけたということは、その子が自分を成長させる術を学ぶ最高のチャンスです。自分と向き合って、自分の課題を知って、それを乗り越えるために自分で工夫をする。そこで学んだことはその後の人生のあらゆる場面で使えます。

しかし、大人がひたすら結果を求めることで、多くの子どもは自信とやる気を失います。さらに、大人が「あれをしろ」「これをしろ」と命令し続けることで、子どもは自分で考える機会を失います。ほとんどメリットのない活動に休日返上で取り組んでいるのが日本の部活です。

ひとつ救いとなるのは、こうした意識改革は決して理想論ではないということです。以前、ニールセン北村朋子さんというデンマークのジャーナリストの方と知り合う機会に恵まれたので、ずっと気になっていたことを聞いてみました。

「10か条は教育の本質を突いていて本当に感動したのですが、あのような文言が文章化されて、デンマーク中の少年サッカーの指導者に配布されたということは、もしかしてデンマークでも以前はできていなかったということではないんですか?」と。すると「その通りです」とお答えが返ってきました。

デンマークにもかつては暴言を吐く指導者や、勝つために手段を選ばない指導者、チームを自分の色に染めたがる指導者が少なからずいたそうです。しかし、これではスポーツは生涯にわたって誰もが楽しめるもの、みんなを幸せにしてくれるものということをすべての子どもたちに教えることはできないとサッカー協会が動き、普及活動をしたのだそうです。これにより状況は改善され、いまでは子どもたちが何度練習してもできないなどという理由で叱られることはなくなったと聞いています。その結果、サッカーだけではなく、すべてのスポーツで「常識」として認識されるまでになったそうです。

私の知り合いに海外で留学支援事業会社を経営する日本人、藤井巌さんという方がいます。この方はゴールドマン・サックスやＪＰモルガンなどの外資系金融機関での成功者としての生活に決別し、十数年前、ニュージーランドに移住し新たな人生を歩んでいます。この方には特に日本の教育とニュージーランドの教育についての違いについてさまざまな視点からお話をいただく機会があり、それは私の教育に対する視野を広めてくれています。この方から聞いたスポーツに関する興味深い事例をご紹介します。

この方がお住まいの地域にはネルソン・カレッジというニュージーランドで一番古い学校があります。カレッジとありますが、日本でいう中高一貫の男子校で、13歳から18歳の五学年、約１０００名の生徒が在籍しています。

ニュージーランドといえば「オールブラックス」のイメージが強いように、世界屈指のラグビー強豪国ですが、当然、この学校においてもラグビーはとても盛んで、ニュージーランド国代表「オールブラックス」にも、何人もの優秀な選手を輩出しているそうです。

藤井さんから「この学校にラグビー部がいくつくらいあると思いますか?」と質問されたのです。日本の感覚だと部活はひとつで、名だたる強豪校でもせいぜい2軍、3軍とピラミッド構造で分かれているイメージしか湧きません。私が現在校長を務める横浜創英中学・高等学校もサッカーは神奈川県ではかなり知られた強豪校ですが、同様です。

驚くことに学校には、ラグビーチームが、毎年10チーム程度組成されるのだそうです。実力のあるプレイヤーは、ファースト・フィフティーンと言われる、一軍、そしてそれにもれた選手は、セカンド・フィフティーン、サード・フィフティーンに所属します。そして、それとは別に、Under17が数チーム、Under16が数チーム、U15が数チーム等、その年の希望者数によって、学校側が各チームを組成することになっています。

各チームは、大体25名前後で構成されるため、シーズン中は、すべてのチームで、ほぼ全員が毎週末行われる試合に出ることができるそうです。

トップチームのファースト・フィフティーン、セカンド・フィフティーン等においては、やはり試合の勝敗がかなり重要視されるのですが、大前提としては、参加するみんながラグビーを通じて、楽しい思い出をつくるということだそうですから、デンマーク同様、スポーツに対する根本的な考え方の違いに感心しました。

驚いたのはそれだけではありません。平日の練習時間の少なさです。トップチームでさえ週2回程度、週末の試合に向けたチームとしての練習を行っているだけなのです。日本の指導者にそんなに練習が少なくて大丈夫なんですかと聞かれるのだそうですが、「高校生なんだから当然勉強が本分だし、ラグビー以外に興味関心のあることはいっぱいあるはずで、何にどう時間を使うかは本人が決めるべきです」という発想が根本にあるとのことです。

筋トレや走り込みなどの個人的な基礎練習さえ、みんなで一緒に半ば強制的に練習を行う日本型の練習とは随分違っています。

ネルソン・カレッジのことを例に挙げると、同じ冬のシーズンにやるサッカーについても、全校で10くらいチームが組成されますし、バスケットボールも同時期に10チームくらい組成されるそうです。いくつかのクラブを掛け持っている子もいますし、ラグビーとバイオリンを一緒にやっている子もいるとのことです。

少し世界に目を向ければ、このような前例がいくらでもあるわけですから、日本のスポーツはまだまだ学ぶべきことが多いのではないでしょうか。

自己否定のきっかけとなる刷り込みをやめる

大人による一方的な刷り込みによってストレスが溜まっている子どもや、自信を失って自分のことが嫌いになっている子どももおおぜいいます。たとえば広汎性発達障害（自閉症スペクトラム障害）などの発達特性のある子どもは、コミュニケーションが苦手だとか、何かに対して強いこだわりがあるといった言い方をされます。

診断時の目安に使われているくらいですから、たしかにその傾向はあるでしょう。しかし、だからといって「この子は発達に特性があるからコミュニケーションが苦手なんだ」という安易な思い込みはいかがなものかと思います。心のなかで思い込むのは仕方のないことかもしれませんが、たいていの大人はそのことを子どもにポロっと言ってしまいます。

だから学校で私がそういう子どもと話をしていると、本人の口から「僕はコミュニケーションがすごく苦手です」という言葉が出てくるのです。本人の脳内にある自己イメージに「コミュニケーションが苦手」ということが強烈に刷り込まれている証しです。

ものすごく気の毒な話です。

そういう子に対しては「全然苦手じゃないよ。こうやって僕としゃべってるじゃん」と伝えます。実際に彼らは心を許した大人であれば、普通に会話ができるようになります。すると子どもは「まあ、大人だったらしゃべれるんですけど……」と言うので、こう続けます。

「知ってるよ。友達としゃべるのが苦手だって言うんでしょ。でもいいんじゃないの。だいたい大人になったら同世代と常に一緒にいることなんてほとんどないから。同世代の人たちと無理やり一緒に生活するなんてせいぜい高校までだよ。大学に行ったら年齢の幅もでてくるし、世界も一気に広がるから自分と合う人間とだけ付き合ってもいいんだ。たとえいまが息苦しいと感じていたとしても、あと何年もないから。

その後の人生の方がずっと長いから全然気にすることなんかないよ」と。

そもそもコミュニケーションが苦手と言っても、対面のコミュニケーションが苦手でも、メールで書いたり、チャットで書いたらまったく問題ない子もたくさんいます。だから安易に子どもをカテゴライズすることは本当に危険です。

子どもに自信を持ってもらうのも、深く傷つけるのも、周囲の大人が使う「言葉」です。

青砥さんもネガティビティ・バイアスのことを説明されていました。人は自分の欠陥、弱み、失敗体験など、ネガティブなことに関しては自動的に意識が向くようにできているそうです。ただでさえ人間が使える意識は有限なのに、自分のことで気になる部分がどんどん増えていくと、脳はそのこと以外のことを考える余裕がなくなります。そしてどんどん後ろ向きの思考になっていきます。

本来ならいろんなことに挑戦したり、自分なりに工夫したりしながら、自分を少しずつ成長させていく場所が学校であるはずなのに、その余裕がない。心の余裕は、意識の余裕であり、意識の余裕をつくるためには**「不要なことを意識させない」**ことが肝心です。

子どものなかに刷り込まれたネガティブな自己イメージを、いかに消していくかは教育者の大切な役割のひとつであると思っています。

求められていないサービスを与えない

子どもに課題意識を持ってもらうために、あれこれ指摘をすることが指導者の役目だと信じている人が多いためか、日本の学校や家庭はダメ出しをしすぎです。それによって多少の改善は見られるかもしれませんが、むしろ失っていることの方が多いかもしれないことを、教育者はもっと意識したほうがいいと思います。

たとえば、せっかちな性格で、テストでも凡ミスが目立つ子どもがいたとします。多くの大人はそのテスト結果を眺めながら、とくに深く考えず、「凡ミス多いよね。もうちょっと気をつけようね」とストレートに言ってしまうでしょう。

こういうとき、真っ先に大人が意識したいのは「このタイミングでわざわざ指摘する必要があるのか？」ということです。

子どもの自尊心や自律心、心理的安全性、当事者意識などを犠牲にしてまである課題を解決してほしいと大人が思うのは、実は大人が「いますぐ結果がほしい」「常に完璧でなければいけない」と信じ込んでいるだけの場合がほとんどです。

「学校とは失敗をたくさん経験して、そこから自ら学んでいく場である」と発想を切り替えることができると、別に子どもがテストで100点を取ろうが、50点を取ろうが関係ありません。大事なのは50点を取った子どもが「もっと良い点が取りたい」と思うタイミングを待つことです。教えて欲しいと思っていない子どもになにかを押し付けてもオーバーフローするだけです。

サービス過剰な日本ではそういうことがあまりに多すぎます。

たとえば最初は50点を取っても気にしていなかった子どもでも、同じくらいのレベルだと思っていた親友がいきなりいい点数を取ったから、といったちょっとしたきっかけでやる気スイッチが入ることがよくあります。そのタイミングを見逃さず、支援の手をサッと差し伸べることができれば最高の対応です。

そのときも課題はできるだけ本人に自覚させましょう。たとえば子どもがテストの点数について悩んでいるそぶりを見せたら、3つの言葉がけを使って「どうした?」「どうしたい?」と聞いてみる。そこで本人なりに「こういうのが苦手なの」と課題を提示してきたら、そこではじめて具体的なアドバイスをすればいいですし、課題に気づかない様子であれば、「どんな問題で間違えているのかな？」と尋ねて、自己分析をする体験をさせてみてはどうでしょう。

アドバイスをするときも「君はここで凡ミスをしやすいから」とストレートに言う必要はありません。「ああ、こういう問題って問題文を丁寧に読まないと間違えやすいんだよね」といったように、子どもが自分のミスを客観視しやすい（＝自分を責めない）言い回しに変えられると理想的です。

解決策も大人がいきなり伝えるのではなく、できるだけ本人に考えてもらいましょう。

自分で見つけた課題を乗り越える体験や、その過程で自分なりに工夫を見つける体験は子どもにとっては快感です。だから「別の課題を見つけよう」「この工夫をほかのところで使ってみよう」といった前向きな気持ちが自然と湧いてくるのです。

心理的安全のためにダメ出しをしないことも、自律のために自分で考えてもらうことも、行き着くところは「いかに大人が我慢できるか」に集約されます。

ちなみに私の次男はいま高校で物理の教員をしています。同業ですから私としては息子にアドバイスしたいこと、教えたいことは山ほどありますが、実際には望まれない限り、ほとんどアドバイスすることはありません。親としてはもどかしい思いもありますが、自分で納得しない限り信じない姿勢、そこが彼のよさだなぁといつも感心しています。次男は子どもの頃から自分で試行錯誤をしながら自分を成長させることに特別にこだわりのある子でしたから、そもそも私から何か言ったところで聞こうとしないかもしれません（笑）。

子どもの心の拠り所を残す

「窮鼠猫を嚙む」という言葉があるように、人は窮地に追い込まれると脳が正常運転できなくなります。どんな状況になっても子どもを完全に追い詰めないことは、子どもの心理的安全性に大きく影響します。

たとえば生徒指導に熱心な学校で、年柄年中、教員たち全員が生徒たちを叱ってばかりいるとどんなことが起きるかというと、ストレスの逃げ場がないので子ども同士に亀裂が生まれます。真面目な子どもからすれば「またあいつらのせいで先生が怒っているじゃないか」と不満を持つ。怒られた生徒は「またみんなの前で説教された。どうせみんな俺のこと嫌いなんでしょ」と思う。さらに本人の脳に教員の言葉が響いていないのであれば、いいことは何もありません。

その構図に気づいてからは、子どもたちが問題を起こしてある先生から叱られたときは、あえて私は子どもたちの側に回ることを意識するようにしました。

具体的には「英語の授業でまたやったんだってね。聞いたよ。僕からも謝っておいたよ」とだけいうのです。すると子どもたちは自分たちが失敗しても先生は味方だと思ってくれます。それは子どもにとって大きな安心感になります。

ほかの先生が叱ったから自分もクラスの担任として叱るという考え方は自然な反応だと思うのです。でも、そこで私も一緒に叱って子どもたちと対立関係になると、子どもたちは取り付く島がない状態になり、ますます学校を嫌いになるだろうと思ったのです。

これは家でも実践できます。工藤家では子どもを叱らないといけないときは、私か妻のどちらかがその役を買って出て、もうひとりはその場から離れておくことを夫婦間のルールにしていました。私自身が叱ることはめったにありませんでしたが、たまに叱るときは妻がサーっと席をたち、視界から消えてもらいます。すると叱られる行為は私と子どもだけの話になり、妻はそのことに関してなにも知らない存在になります。

そして、私が叱り終えるタイミングで妻がサーっと部屋に戻ってきて、子どもを抱きしめてあげます。すると子どもはワンワンと泣くので、妻はただ「よしよし」と言いながら頭を撫でてあげます。たったそれだけの話ですが、子どもはものすごく安心できるのです。この家では叱られても見捨てられないという体験を繰り返すと、それは自己肯定感にもつながるのです。

学校をはじめ、さまざまな場所で、なにかしらのトラブルや失敗は起きます。ですから子どもにはどんな時にも最後の砦となれるような安心できる存在が必要です。「君がどんな状況に置かれても君がいてくれるだけで幸せだ。無条件で君のことを大事にしているから安心してね」と自信をもって言えるのは、もっとも身近にいる大人です。

後半のテーマであるメタ認知にしても、「果たして自分に適切な助言ができるのか」「相談されて良い回答が思いつかなかったらどうしよう」と不安に思う親御さんは多いはずです。しょせん大人も訓練を通して自分の脳を変えていくしかないので、まずは子どもがどれくらい辛い思いをしているのかを想像できるようにするだけでも最初のうちは十分です。むしろ、「自分の子どもに無条件の愛を伝えられているのか」、「家庭は心理的安全性が保ちやすい環境になっているのか」、「自分たちの期待や価値観を子どもに押し付けていないか」に、もっと意識を向けたほうがいいかもしれません。

心理的安全につながる正しい褒め方

子どもに自信をつけてもらうために褒める？

子どもが努力をしたご褒美として褒める？

悪化している関係を改善するために褒める？

教育でも子育てでも、褒めることは大切な行為です。

とはいえ、ひたすら褒めていれば子どものためになるのかというと、そういうことではありません。褒め方には2つポイントがあると思います。

ひとつ目は、**結果を褒めずにプロセスを褒める**ことです。教育や子育ての世界では繰り返し言われていることですが、少なくとも日本の学校ではほとんど浸透していません。

100点を取ったことを褒めるのではなく、そのためにやったその子なりの工夫を褒める。

30点だったとしても、その子なりに挑戦できたことを褒める。

プロセスに意識を向けさせることはメタ認知の最高のトレーニングになるため第4章でも再度取り上げますが、結局周囲の大人が結果ばかりを褒めていたら、結果を出すことに子どもの意識が集中してしまい、うまくいかなかったときに大人の期待に添えなかった自分を恥じるようにもなります。

練習試合で結果を求めることは子どもの成長にとっては本来まったく不要なプレッシャーのはずですから、結果に対して褒めることはできるだけ避けたほうが子どもの安心につながります。

もうひとつのポイントは、**褒めるタイミング**です。

子どもが小さいうちはあまり意識しなくてもいいのですが、子どもが思春期に入るとこのタイミングが少し難しくなります。

とくに大人との関係がギクシャクしはじめた子どもです。大人が関係を取り繕うために子どもを褒めても、「どうせ気を使って褒めてるだけでしょ」と見透かされ、余計反発されることがよく起きます。

こんなときに教員や保護者に奨めているのが、第三者を介して褒める方法です。たとえば母親と娘の関係がうまく行っていない家庭であれば、母親が娘を直接褒めるのではなく、父親の口から「この前、こんなことがあったんだってな。お母さん褒めてたよ」と言ってもらいます。不思議なもので、第三者を介した瞬間、角が立たなくなり、子どもも素直にその言葉を受け入れやすくなります。

ぜひお試しください。

予測精度が上がるとストレスは減る

ストレスに強い脳を育むためにはストレスを乗り越える体験を積むしかありません。当事者意識を持って問題を解決していく体験を重ねていくと、多少の問題であれば問題だと思わなくなっていくものです。

私の例で言えば、教員生活は山形で始まりましたが、教員としてはじめて大きなストレスを感じたのは東京に移ってからです。日本の公立学校は都道府県ごとに教育文化の違いがはっきりとあります。東京でのはじめての学校での教員生活は、あらゆるところで手段の目的化が起き、精神論と恐怖によって子どもを支配することが正義とみなされるような理不尽極まりないもののように私には感じられました。この頃は教員という仕事が恥ずかしい仕事のように感じられ、本気で教員を辞めたいと思ったくらいです。

しかし、日々悩みながらも、生徒たちと全力で誠実に向き合っていくうちに生徒はもちろんのこと、保護者や同僚からのたしかな信頼を実感できるようになっていきました。粘り強く周囲と対話を繰り返していくうちに、悪しき慣習もいくつか廃止させるなど、少しずつ学校を変えていくこともできるようになり、山形も東京も教育は変わらないと言うことを強く感じたものです。東京での教育を山形の教育と比較して勝手に不幸になっていたのは自分自身だったのです。

どんなストレスに対してもしっかりと向き合い、何かと比較することなく、ありのままを受け入れて改善していくことの大切さを自分の中に刻み込んだ大切な時間だったと思っています。そしてそれを教えてくれたのは当時の生徒たちだと感謝しています。

次に異動したのは、都内でも指折りの荒れた学校でした。ここでの5年間も特別なものとなりました。「将来は、多くの学校によい影響を与えることのできる校長になろう」という漠然とした目標ですが、ある意味いまの自分を強く決意した時でもあります。学校は盗みや恐喝、破壊行為に暴力事件、毎日のように犯罪が起きる学校でしたので、課題は山積みでした。もちろんストレスも多かったものの、赴任当初からトラブルに対して不思議に達観して向き合うことができる自分を自覚することができました。一部の教員は完全にお手上げ状態でしたが、私は直感的に「たしかにひどい状態だけど、なにかしら方法はあるはずだ」と思えたのです。ありのままを受け入れ、不幸にならない。ひとつずつ課題を解決するだけだ。そのためには全員を当事者に変えていく。そんな思いでいられたのです。

そこから私は教育委員会に異動します。東京都の教育委員会で1年働いたのち、もっと現場に近いところで働きたいと希望を出して目黒区の教育委員会にうつりました。当時の経験も一言では語ることができません。教育委員会及び行政の役割や課題、学校や区民を救うためのネットワークづくり、業務における法的な根拠、施策の意思決定における議会の影響力や議会力学のコントロールの仕方、学校のＩＣＴ化などなど、挙げればキリがありません。学校を取り巻くさまざまなステークホルダーとの関係に必要な専門性と対話のスキル、人脈等を劇的に向上させることができた数年間です。

当時の教員委員会には典型的な徒弟制度の世界がまだ残っており、ラインで仕事をすることが徹底された職場でした。40歳すぎの私が文字通り雑巾がけから始めました。文章の草案を書いても、先輩指導主事、主任、課長のハンコがもらえないと教育長に読んでもらうことすら叶いません。読んでもらったとしても、修正が入りすぎて私の意図とは真逆の主張になってしまったこともあります。睡眠は毎日ほぼ3時間、365日で休んだ日はわずか10日程度。過労死ギリギリのようなまさにブラック企業状態で仕事をしていた4年間です。一言で言えば、日本の悪い文化が色濃く残った世界でした。そもそも合理的に考える私にとってはとてつもないストレスの場でした。

このときも何度も感情が爆発しそうになりましたが、文句を言うだけではなにも変わらないことは過去の経験からすでに自覚していました。ありのままを受け入れて課題をひとつずつ解決することを、頭の中で何度繰り返して意識させたかわかりません。誤解を恐れずに言えば、「誠実さだけでは教育は変えられない。さまざまな方々の立場と現実を理解し、あらゆる面で確かな戦略がいる」ということを強く実感した時でもあります。

そのあと目黒区の学校で副校長を務め、新宿区ではICT担当のプロジェクトチームのリーダーや指導課長などを務めたのち、麹町中学ではじめて校長に就任。2020年に定年退職をし、現在は私立横浜創英中学・高等学校の校長、ならびに同校の運営主体である堀井学園の理事として働いています。

ポジションが上がると職務範囲が広がるので、抱える課題の数自体は当然増えます。それは間違いありません。特に私の場合、新たな職場で働くにあたり「何をやればよいのか」と考えるタイプではなく、「何ができるのか。何を変えられるか。何を生み出せるか」という姿勢で仕事を行う性分なので、課題はどこに行っても膨れ上がっていきます。一般に新たな職場に変わったばかりの頃は、ストレスで自分をコントロールできなくなったりするものですが、これまでの自分を振り返ると、歳をとるごと、職場を変わるごとにストレス自体が減っているように実感しています。

学校視察にこられた校長先生などとお話をしていると、「工藤校長は淡々と仕事をされますね。その心の余裕はどこからくるんですか」と聞かれることがあります。

私の心の余裕（心理的安全性）は、過去の成功体験と失敗体験で身につけた予測能力からきていると思います。障壁があるならそれを回避する筋道が予測できる。自分の苦手な人がいても、うまく対処する方法が予測できる。トラブルシューティングを繰り返しているうちに、詰め将棋の腕が上がったような感じです。

たとえば新しい職場に配属された時点では、周囲の信頼を勝ち取っていないばかりか、自分の足を引っ張ろうとする人もなかにはいます。そこで正論を振りかざしたところで人は動かないことを経験として知っています。ですから、まずはその状況を受け入れる、という思考が動きます（悲観するのではなく、受け入れることが、メタ認知で最も重要なことです）。

状況を受け入れられたら「じゃあ、どうしたら目的が達成できるか？」という発想が湧いてきます。「この人の信頼を得られたら流れが変わりそうだ」「この人にこんな言葉を使ったところで、イエスと言ってくれるのだろうか？」といろいろ予測を立てながら、最適な一手を考えるはずです。ときにその予測は外れます。しかし、それも予測精度を上げる大きな学びになります。

いきなり上手に詰め将棋ができる人はいません。

とくに人間は合理性よりも感情で動きますから、なおさら予測は簡単ではありません。でもそこであきらめずに自分なりにできる範囲で予測をし、経験値を高めていくことが重要です。

その経験をほとんどしていない人ほど、「はい、王手」と言われた瞬間にパニックに陥ってしまうのです。

学校はトラブルの体験学習の場である

繰り返しになりますが、大人は子どもたちに積極的にトラブルや失敗を体験させてあげることが大事です。

「トラブルは起こるものだ」

「トラブルから人は学んでいくんだ」

「トラブルを乗り越える方法があるはずだ」

そういう発想に子どもたちが変わっていけば、トラブルを必要以上に怖がらなくなり、心理的安全性が保てるようになります。

たしかに子どもが苦悩している姿をみるのは辛いものです。家庭なら、お子さんが学校から帰ってきて寂しい顔をしていたら「手を貸してあげたい！」と感じるのが自然な親心でしょう。そこをいかにグッとこらえて、**「本人がその体験からどんなことを学んでくれるのか」**を意識していくことが大事なのです。それを何回も繰り返しているうちに、トラブルを未然に回避したり、トラブルになっても自分でコントロールできる能力が身についていきます。

同時に意識しないといけないのが、子どもの心理的安全性です。トラブルを抱えて悩んでいる子どもに対して「自分でどうにかしなさい」と完全に突き放してしまうのもまた極端すぎます。子どもの性格によってふさわしい声かけは変わるでしょうが、たとえば「トラブルって成長していくうえでとても大事なことなんだよ」という意味づけは最低限でもしてあげることが大事でしょう。

そのうえで、「なにか手伝えることがあったら言ってね」という第3の言葉が象徴するように、大人がセーフティーネットになってくれるという認識が、子どもにとっては安心材料につながるのです。第3の言葉にあわせて、「どうしても自分の力ではできなければ、人に頼ることができるのも強さのひとつだよ」などと日頃から助けを求めることの意味づけを行っておけば、さらに安心につながるでしょう。

それに青砥さんが指摘したように人がストレスに耐えうる力はまちまちです。同じことが起こっても、A君なら心理的安全状態を保てても、B君はキャパオーバーになるようなことが起きるので、とくに学校では教員がそれぞれの子どもの現状や特性を見極めておくことがポイントになります。

麹町中学では担任制を廃止しましたが、そのかわり学年担当の教員全員で子どもたちを守る意識を徹底していたので、子どもたちの変化は逐一教員同士で共有していました。日常的に生徒たちを複眼で見ることができるようになったことと生徒自身が相談する先生を選びやすくなったことで、担任制のときよりも子どもたちの微細な変化に気付きやすくなりました。また、それぞれの生徒や保護者への対応も役割分担することで互いにとってより安心できる環境を維持しやすくなったと感じています。

課題を小分けにすることを教える

麹町中学では「課題解決方法のアドバイスはするが、最終的には自分で解決すること」を基本としています。子どもたちは自分たちなりにいろいろ試行錯誤することになるわけですが、そのとき子どもたちが思考の無限ループにはまらないように私がよく説明するのが、**ストレスコーピング**（ストレス要因に対する対処法）の4パターンについてです。

子どもたちにはこう言います。

「問題が起きたときに、自分だけでは解決できそうにないことってあるよね。そのとき君たちが取ることのできる行動パターンって、大きく分けると4つあるんだ。我慢すること。気分転換すること。問題を解決しようとすること。そして、人に相談すること。みんなはここで我慢を選んだり、気分転換を選ぶことが多いかもしれないけど、実はあまりいいことじゃないんだな。有効な方法は、実は残りの2つの行動パターンを組み合わせてみることなんだよ」と。

具体的にいうと、解決したい問題があるときはその問題をできるだけ客観的、複眼的な視点から、小さな課題に分解し、書き出します。そして書き出したものをさらに、「自分の力で解決できるもの」と「解決できないもの」に切り分けます。

そして「自分の力で解決できるもの」に関しては、これをどの順番で、どんな風にやっていくかということを考えればいい。そして、「自分で解決できないもの」に関しては、基本的に人に相談すればいいわけです。

こうして問題を整理すると、「途方もなく大きな問題だ」と思っていたことが実はそこまでのものではないことに気づくことができます。それだけで脳にかかるストレスをかなり軽減することができます。

課題解決の大まかな考え方を伝えるだけでも子どもたちの行動はみるみる変わります。自分には手が負えないトラブルと対面したら、友人や親や信頼できる教員に相談にいくようになります。最初のうちは身近な人を選んで相談していた子どもでも、自分でどうにかする体験を繰り返していくうちに「相談相手を吟味することも大事なんだな」と学習し、課題解決能力が飛躍的に上がるようになります。

第3章

メタ認知とは何か——自己成長に不可欠なスキル

青砥瑞人

メタ認知とは何か

教育の本質的な目標は自らの力で自分を成長させられる術と、幸せな状態をつくり出せる術を学んでもらうことだと第1章で書きました。その両方の実現に不可欠な「状態」が心理的安全性であり、不可欠な「スキル」がメタ認知能力です。

メタ認知（metacognition）という概念は、認知心理学の領域で生まれたものです。メタとは「高次の」という意味ですから直訳すれば「（自分の）認知自体の認知」。簡単にいえば「自分を知ること」です。メタ認知能力が高い人ほど自分の特性や癖を正確に把握できるため、目標達成能力や課題解決能力が高いと言われています。

メタ認知の明確な定義は研究者によってマチマチではありますが、私なりに定義するメタ認知とは**「自己を俯瞰的に捉え、自己について学ぶ機能」**のことです。

ポイントは2つあります。

ひとつはやはり**自己の捉え方**です。

自分の内面、つまり自分の思考パターンや行動パターンをはじめとする自分の脳の特性や、自己変容の軌跡などに意識を向け、それらを俯瞰的に捉えることがメタ認知において絶対不可欠です。世間でもメタ認知についてさまざまな解釈が存在しますが、共通しているのは自分自身を対象化し、もうひとりの自分がそれを見ているような感覚で自分を捉えるということです。

しかし、自分を俯瞰視するだけではメタ認知の「スキル」としては物足りません。それが2つ目のポイント。**「自己について学ぶ」**です。

自己と向き合い、そこで得た情報を脳の中に記憶痕跡としてしっかりと書き込んでいくことが、メタ認知の本質的な意義であり役割ではないかと思うのです。

メタ認知の定義に自己学習を含まないケースもありますが、教育現場にメタ認知スキルを導入していくのであれば、私は含むべきだと思います。

客観と俯瞰の違い

先ほど私はメタ認知の定義で「俯瞰」という言葉を使い、「客観」という言葉はあえて使いませんでした。世間的にはほぼ同義語で使われることの多い言葉ですが、私は明確に使い分けています。その違いを理解することでメタ認知の本質が見えてくると思いますので、少し詳しく説明したいと思います。

まず客観とはご存じの通り、主観の対義語であり、「他人のように見る」ことです。

自分を知るという文脈でいえば「他人のように自分を見る」ことですね。

さらに客観を細かくみていくと、2つに分類できます。

ひとつは「外部情報に頼って自分を見るケース」。学校でいえばテストや成績表がまさにそうですし、会社であれば上司や同僚、人事、取引先などからのフィードバックなり、評価がそれに該当するでしょう。

2つ目は「内部情報に頼って自分を見るケース」。つまり、自分の記憶をたどって自分を見ることです。典型的な例が学校や企業でよく行われる「振り返り」。自分自身に関する記憶をたどることで自分に関する情報の解像度や正確性が高まっていきます。

自分のことを客観的に見る行為はメタ認知において欠かせません。しかし、自分に関する情報を「ひとつの定点」から眺めたところでそこから学びを得る（情報処理をして脳を更新する）ことはなかなかできません。

学びを得るのは「複数の定点」を同時に見たときです。これを「俯瞰」と言います。

脳には「Neurons that Fire Together Wire Together（同時発火した神経細胞同士

は結びつく)」という原理があります。異なる情報を同じタイミングで想起する機会が何度かあると、Aという情報とBという情報は脳内でセットとして扱われるようになり、Aの情報が呼び出されるときにBの情報も勝手に引き出されるようになります。有名な「パブロフの犬の条件反射」もこの原理に基づいています。

自分を客観視することが自分の脳に個別の「点」をつくっていく行為だとすれば、俯瞰視とはそれらの「点」をつなげる行為のことです。そしてその結果、脳が変化していくところまでを含めてメタ認知というのです。

具体例を使って説明しましょう。

子どもが逆上がりに挑戦しているとします。惜しいところまできていますが、なかなか1回転できません。その様子を動画で収め、本人にみてもらった場合、定点がひとつですから単に「自分のことを客観視している状態」です。そこから学びを得られる子どももいるでしょうが、「逆上がりができない自分」をまざまざと見せつけられてやる気を失ってしまう子どももいるかもしれません。

ではそこで、現時点の動画だけではなく、その子がはじめて鉄棒にぶらさがれたときの動画や、蹴り足がまったくできなかったころの動画も一緒に見せたらどうでしょう？　「昔はこんな状態だったけど、いまはだいぶできるようになっている」という自分の成長に対する気づきがあるかもしれません。これがメタ認知です。

もしくは、上手に逆上がりをする人の動画を探してきて、いまの自分のフォームと見比べながら自分の課題を見つけてもらう方法も良さそうです。その結果、現状の自分が対象化され「自分はいままで無意識にこんな握り方をしていたけど、ちょっと変えてみたほうがいいかもしれない」といった学びが得られるかもしれません。これもメタ認知です。

客観と俯瞰の違いを表すもうひとつわかりやすい例が、日記や日報の類です。先ほど書いたように自分を振り返って言語化する行為は自分を客観視するために有効な手段です。しかし、それを一切読み返すことがないのであれば学習効果は期待できません。

せっかく書き溜めているならば、たまにそれを横断的にみる。そして「自分はこんなトピックについてよく書くな」とか「こんな状況のときはこんなことを感じやすいんだな」といった自分なりの傾向を見出す。このような情報処理が脳内で起きたときが、メタ認知をしている脳の使い方なのです。

その証拠に、人間がメタ認知をしている時の脳の状態は、人がパターン学習をしているときと同じ脳の部位が活性化します。

自分の思考パターンや言動パターンを知ることができれば、目標を達成したいときや課題を解決したいときにしかるべき対策を打つことができます。自己成長にメタ認知能力が不可欠である所以です。

自分と向き合う習慣がない人ほど他責になる

メタ認知能力を高める第一のステップは、自分と向き合う機会を増やすことです。自分のことを対象化して認知する行為を専門用語で内省といいます。人は内省をする機会を持てば持つほど、脳のなかで物理的変化がおき、確固たる「自己」という情報が造形されていきます。

本書の冒頭で工藤校長が問題提起されたように、日本の教育の最大の問題は「子どもたちの当事者意識を育む」視点が欠けていることです。

うまくいかなかったら誰かのせいにする。

不満があったら誰かを責める。

責任を押し付ける対象がよくわからないときはとりあえず社会や時代のせいにする。

このような他責の発想も結局、自分と向き合う習慣がないために、「自分の責任かもしれない」「自分にできることがあるかもしれない」といった発想が湧いてこないのです。

他責は生まれ持った性格などではなく、単に長年の脳の使い方による「癖」です。当事者意識の正体とは、外部から入ってくる情報を処理する際に内部情報（自分に関する情報）も同時に発火できるような情報伝達構造に脳がなっているか、ということです。

その神経細胞同士を結ぶ回路は、つながったり、切れたり、太くなったり、細くなったりと常に変化していくものですから、子どもが当事者意識を持った大人になれるかどうかの分かれ道は、結局のところ「どれだけ自己と向き合ってきたのか」の経験値によるところが大きいのです。

内省が難しい理由

「仰々しい概念を持ち出さなくても、自分の内面に意識を向けることくらい誰でもできるだろう」

そう思われる方もいらっしゃるかもしれません。たしかにそれを日常的にやられている方からすればたわいもないことと思われるでしょう。子どものころから「物思いにふけることが好きな子」「読書が好きな子」「目標の実現のために自分なりに試行錯誤をしてきた子」などは、自分と向き合う機会が人よりも多いため、メタ認知が得意な大人になりやすい、とは言えると思います。

しかし、神経科学的にみると自分に意識を向ける行為は決して簡単ではありません。

理由は2つあります。

ひとつは、人間以外で内省ができる動物はほぼ皆無だと言われているくらい高度な脳機能であり、それだけ脳への負荷が大きいからです。内省を行うときの司令塔となるのは前頭前皮質で、人が「自己と向き合う」ときに脳内でなにが起きているかというと、前頭前皮質の後方にあるすべての脳の部位を対象に、情報を検索したり、動かそうとしたりするのです。だから多くの人は内省をしようとしても、脳が疲労することを敬遠して自然と思考を止めがちなのです。

もうひとつの理由は第1章で述べた人間の意識の限界です。外部情報（五感から入っている情報）の処理をするだけでも人の意識は常に引っ張りだこの状態なのに、わざわざ外部情報を遮断して内なる自分に意識を向けることは、文字通り「意識的に」やらないとなかなかできることではありません。

とくにいまの時代、私たちは一人一台スマホやタブレットを持っています。デジタルデバイスは人間の機能を拡張してくれる便利な道具であると同時に、刺激的で魅力的な情報にすぐにアクセスすることができる「意識の吸引機」のような存在でもあります。しかも、その吸引力は年々増しています。メディアも、広告代理店も、アプリ開発者も、コンテンツ製作者も、ユーザーの意識を少しでも自分たちに向けさせるための試行錯誤を繰り返しています。

必然的に我々が持っている自由な時間は、ひたすらコマ切れの外部情報のインプットに向けられることになり、それと綺麗に反比例する形で、内部情報（自己）と向き合う時間は減りました。

自分と向き合う重要性は、紀元前の「汝自身を知れ」という言葉をはじめとして、人類の歴史上ずっと言われてきたことです。強い外部刺激を世界規模で生み出しているグーグルが、社員に向けては瞑想やマインドフルネスを積極的に取り入れているのは不思議な話ではありません。

外部評価依存になりやすい「自己」

自分と向き合う機会が少ないと、必然的に自己に関する情報は外部情報に偏ることになります。先生や親からの評価やクラスメートからの評価、SNSでの評価。こうした第三者による評価はポジティブな作用をもたらすこともあるので一概に悪いわけではありませんが、「自分ってこうだよな」と内省をする暇もなく「あんたってこうだよね」という情報ばかり浴び続けていれば、それが脳のなかでの唯一の「自分の情報」になってしまうことは十分ありうる話なのです。

相田みつをさんの言葉で私が好きな次の名言があります。

「他人の物差し、自分の物差し、それぞれ寸法が違うんだな」

まさにその通りで、他人の物差しで自分を知ることは大切な情報ではあるものの、自分の物差しで自分を見ることもできるのが人間なのです。

外部評価に依存する形で自己が形成されていくと、結果的に周囲の意見に流されたり、人から何を言われるかを気にしすぎて積極的に行動が起こせない脳になってしまいます。非常に不安定な状態であり、それをこじらせると「自分を見失う」ということにもなりかねません。

それを防ぐためにも子どもたちに自分と向き合う機会を与えていく過程で、その子の好きなもの嫌いなもの、大事にしていること、こだわり、得手不得手、やりたいこと、喜びを感じることなど、本人なりの物差しをつくっていけるようにサポートをしてあげることが大切です。

それは別に難しい話ではありません。ベースとなる考え方は、

・大人の物差しを子どもに押し付けない
・子どもの物差しを否定しない

実はこれだけの話なのです。

メタ認知はメタ認知ができる人しか教えられない

人間にとっては自分と向き合うことすら難しいのに、さらに自己を俯瞰的に捉え、そこから何かを学びとる状態までいくことは大人でも困難です。メタ認知ができない大人が自力でメタ認知ができるようになることはありません。超一流のアスリートや経営者がわざわざコーチングを受けるのも、自己を深掘りするときに意識の矛先が迷走しないように、「思考の伴走者」を必要とするからです。

当然、子どもたちも自らの力でメタ認知能力を身につけることはなかなかできません。

子どもたちにメタ認知を学んでもらうためには、メタ認知ができる大人が伴走者となって、ひたすら脳に適切な負荷をかけ続けていくしかありません。

まずは自分と向き合う訓練からはじめて、それが自然とできるようになったら点と点をつなぐ練習をする。それによって小さな成功体験を積み重ねていくと、大人が手助けしなくても自発的に自分の課題を見つけて対策を考えられる自走型の人間になることができます。

それを実証したのが麹町中学です。

実はメタ認知教育を教育現場に導入していく最大のハードルは、先生たち自身が必ずしもメタ認知能力を身につけているとは限らないことです。工藤校長が麹町中学に赴任した段階でも、メタ認知ができる先生は限定的だったと言います。

そこで工藤校長が取ったアクションが重要で、工藤校長はそこで先生たちに「メタ認知能力を上げろ！」と無茶振りをするわけでもなく、「3つの言葉がけ」をはじめとしてあらゆることを仕組み化・ルール化していきました。

自己決定を繰り返させる仕組み。

自分について言語化する機会を増やす仕組み。

他人との比較ではなく、自分の成長に意識を向ける仕組み。

具体的な話は工藤校長に譲りますが、こうした仕組みを工藤校長が主体となって必死に考え、現場に導入していった結果、どれだけメタ認知が苦手な先生でも伴走者の役割をある程度はたすことができるようになったそうです。

これからの教育のあり方を考えると先生たちに求められることは、生徒一人一人が自分と向き合い、各自の課題を乗り越えていく手助けをするコーチのような存在になることだと信じています。しかし、それは理想論にすぎません。高度なメタ認知能力が求められるコーチングは2、3日の研修でできるようになることではありません。

子どもと同様、大人もひたすら実践を継続して、脳を変えていく必要があります。メタ認知は簡単ではなく、一朝一夕では身につかないことを知る。

これが子どものメタ認知を育むときに最初に理解しておくべきことです。

現時点でメタ認知ができないからといって焦ったり、自己嫌悪に陥ったりする必要はまったくありません。身近にメタ認知の先生となってくれる人がいないのであれば、教育書を読んだり、講演を聞いたり、思考補助ツールについて調べてみたり、日記をつけてみたり、コーチングを受けてみたりしながら、少しずつ脳を変えていきましょう。

大事なことは「自分はメタ認知ができているのか」という意識を忘れないことです。

ここでひとつ重要なアドバイスがあります。

工藤校長や木村校長のように、子どもに対してポジティブな影響を与え続ける方は、「こういうときはこう対応するといい」といった有効なハウツーをたくさんお持ちです。いずれも豊富な経験と非常に高い視座からの助言であり、私も目から鱗が落ちるものばかりです。

そうしたハウツーは積極的に取り入れていきたいのですが、単に本で読んで知識として頭に入っているだけでは自分のものにはなりません。そのハウツーを発動すべき場面で心理的危険状態に陥り、記憶から引き出せないことがよくあるからです。

たとえば麹町中学の「3つの言葉がけ」。

普段なら子どもを叱り飛ばす場面で「どうしたの?」と穏やかに尋ねる行為は、その効果を聞けば「なるほどな」と思いますが、いざ実践できるかといったらどうでしょうか? 難しいでしょう。

だからこそ大事なのは、自分のものにしたいハウツーを学んだときは、自分が心理的安全状態にあるときに繰り返し実践しておくことです。「いままでの自分なら絶対にしないアプローチだ」と感じたハウツーほど、意識的に使う回数を増やさないといけないのです。

何度も使ってそれが自分の記憶になっていれば、感情が爆発しそうになったときでもそのハウツーが自分の「反応」として出やすくなります。100%は難しいとしても、発動する確率は上げられます。

メタ認知を鍛える理想のテーマ①「葛藤」

教育現場で使える具体的なハウツーは工藤校長に譲るとして、私からは子どもがメタ認知を鍛える格好のテーマだと思っている「葛藤」と「夢」について説明させてください。

私たちは成長していく過程でさまざまな葛藤を乗り越えてきました。葛藤していたときは辛さが先行していたかもしれませんが、あとで振り返ると「あのときの葛藤があったからいまの自分がある」と思える人も多いかと思います。

葛藤とは意思決定のプロセスにおいて「両方とも正解だと思える選択肢がバッティングして答えが選びきれない状態」のことを言います。

脳の中で自分Aと自分Bが真正面からぶつかって終わりなき喧嘩をしているようなもので、脳内のいろいろな情報を引き出しながら答えなき答えを必死に導きだそうとしているわけですからエネルギーを膨大に消費します。人は葛藤状態にあるとき、強いストレス反応を引き起こすこともわかっています。

葛藤が苦しいのは自然な反応で、だから多くの人は葛藤状態になると「面倒くさい」といって思考を停止しようとします。事実、葛藤が長く続きすぎると海馬が萎縮したり、鬱病を引き起こしたりすることもあるため、子どもが慢性的なストレス状態にならないように注意することも重要です。

しかし、見方を変えると「自分Aと自分Bがぶつかっている状態」とは複数の定点を同時発火させる俯瞰視そのものです。「自分のなかにはこういう考え方とこういう考え方があるんだ」「いままではこう思っていたけど、別の考え方もあるんだ」ということを認知することが、子どもにとって大きな学びなのです。

さらにその葛藤体験を大きな学びに変えていくには、葛藤した事実と、自ら決断を下した事実と、その結果どうなったのかという時系列が異なる情報を同時発火させないといけません。

この同時発火はおそらく子ども一人ではできません。先生や親が重要なピースとなります。

成功した子どもと一緒に浮かれて終わりではなく、「でもあの時はすごく悩んでいたよね」という声かけができるか。失敗した子どもをただ慰めるだけではなくて、「君なりにいろいろ考えたよな。あれですごく成長できたんじゃないか」と声かけができるか。

こういった体験を何度もしていると、葛藤する場面に直面したときに葛藤を必ずしも悪いことだと思わなくなります。

成功や失敗という「結果」に囚われるのではなく、「成長」に意識が向くようになります。すると「この葛藤の先には何かがある」と期待感を自然と抱けるようになります。

子どもが直面する葛藤でよくあるのは進学の悩みです。たとえば親御さんは進学校に進んで欲しいと思っている。本人も勉強は苦ではないし親の期待に応えたいと思っているし、進学校に進んだほうが将来の安定度も増すような気がしている。でも内なる自分はアートに興味があって、その分野に強い学校にも興味があるとします。

もしこのときに周囲の大人が子どもの抱える葛藤に気づかず、「悪いこと言わないから黙って進学校に行け」と葛藤を強制的に止める手段にでると、学習効果はなにもありません。しいていうなら、「迷ったときは大人に決めてもらえば楽だ」くらいでしょうか。

さらにその結果がうまくいかないと、「あいつのせいで自分は不幸になった」と不満だけが残ることになります。これは非常にもったいないことです。

毎回大人が「こうしろ」「ああしろ」と答えをすぐに出して葛藤の経験が乏しいまま大人になると、その子は自分で意思決定ができない子に育つばかりか、葛藤を避ける子に育ちます。果たしてそれが大人の望むことなのか、を冷静に考える必要があります。

お気づきかもしれませんが、工藤校長の「3つの言葉がけ」はまさに葛藤を誘発させる声かけです。葛藤は最強の脳トレであり、大人は子どもの葛藤を止めてはいけません。

メタ認知を鍛える理想のテーマ②「夢」

葛藤と並んで子どものメタ認知を鍛える理想的なテーマだと思っているのが「夢」や「目標」です。子どもが自分の夢を思い描き続けられる環境をつくってあげることは大人の役割であり、ひいてはそれがメタ認知のトレーニングになると思うのです。

今回の研究では工藤校長や木村校長のお話を拝聴する機会が多くあったのですが、お二人とも発言に軸があることが印象的でした。どんな反論をされても、どんな角度から質問をされても、必ず一貫性がある。そうした一貫性が可能なのは、普段からそのことを深く考え、さらにその考えに紐づいた行動を毎日実践しているがゆえに脳に強い記憶として残っているからです。

自分のありたい姿や実現したい目標を言葉にできる人は大勢います。1年のはじまりに今年の目標を立てる。学校の作文で将来の夢を書く。それくらいなら誰でもできます。

しかし、その発言の多くはその瞬間だけ前頭前皮質で考えて答えを引き出しているような反応的な発言にすぎません。

それを「反応」ではなく、**一貫性のある「状態」に変えていくには、ありたい姿ややりたいことを日々、思い続けることが重要**なのです。

私が感銘を受けた稲盛和夫さんの言葉で次のものがあります。

「同じ夢を見続けているとその夢はどんどん鮮明で、細かいところまでわかるようになり、ついにはカラーでみえるようになります。それがビジョンです」

同じことを何度も考えて、思考を掘り下げたり、マクロでみたり、ミクロでみたり、シミュレーションをしてみたりしていれば、最初は白黒でボヤッとしていた夢が、まるで現実のように感じられる状態になります。

アスリートにしても経営者にしても大きな夢を実現する人たちの共通点は、思いを持ち続けることです。スティーブ・ジョブズは毎日鏡に向かってセルフトークをしていましたし、松下幸之助さんも毎日自分自身に叱咤激励をしていたそうです。

同じ思いを持ち続けることがなぜメタ認知の訓練になるかというと、どれだけメタ認知が苦手な人でも最終的に意識の矛先が自分に向かざるを得ないからです。

目標が漠然としているときは向かないかもしれません。しかし、解像度が高くなって、どうやったら実現できるのかを真剣に考えだすと、自分の強みや課題、自分の信念やこだわりなどと真正面から向き合わざるをえない状況にかならずなります。

その夢が実現しようとしまいと、自分と真摯に向き合い自分を高めていった経験は、一生の武器になります。

子どもが心の底からやってみたいと思える夢をどのタイミングで描きはじめるのかはわかりません。いま夢を持っていないからといってそれを咎める必要もありません。

しかし、いざ子どもが夢を語り出したときにその熱量や本気度をどれだけ高められるかは、周囲の大人のサポートが大きく影響すると思います。

メタ認知で実現するウェルビーイング

メタ認知は我々の成長を促すだけではなく、一人一人の幸せにも通じてくる大切な能力です。

私は元来、理解できないことはやる気が起きない、偏屈なところがあります。神経科学と出会って脳の研究をはじめた当初も、ひたすら理詰めで考えていたので、ロジックで捉えづらい人の「感情」は後回しにしていました。しかし、脳のことを知れば知るほど人の感情や感覚がその人の思考パターンや行動に絶大な影響を与えていることに気づかされ、それ以来、「人の幸せとは何か」が、私の研究テーマのひとつの軸になっていきました。

そこで至ったひとつの結論は、**「幸せになりたいなら、自分の幸せと常に向き合っていくしかない」**ということです。幸せとはどこかに求めるものではなく、自分の中の幸せと能動的に向き合いつづけることで「幸せな状態」、つまり「ウェルビーイング」を実現することができるのです。

「幸せ（ハッピー）」と「幸せな状態（ウェルビーイング）」は似て非なるものです。「幸せ」とは脳がみせる一過性の反応のことです。普段とは違う刺激が入ってきたことによって脳の平衡状態が乱れ、脳のある部位が電気的に、化学的に反応しているだけ。しかし、平衡状態が崩れると元に戻ろうとするのが人間ですから、「幸せ」という反応が出たときにそのことに気づかない限り、記憶には残りづらいのです。

ですからまずは個別の反応を「点」として認識すること。さらにそれらをメタ認知によって「点と点」でつなげていくことで、はじめて「自分の人生、あながち悪いものじゃない」と認識できるようになるのです。

その日に起きた嬉しかったことを尋ねる

子どものメタ認知能力と自己肯定感を高め、同時にウェルビーイングを実現する手軽な手段として私がおすすめするのが、「その日に起きた嬉しかったこと」を毎日子どもに尋ねることです。非常にシンプルですが、効果は抜群です。

家庭でやるならご飯を食べるときに家族で報告し合うのでもいいでしょう。それなら親御さんもメタ認知の訓練ができますし、脳内に蓄積しがちなネガティブな情報を少しずつ入れ替えていくいい機会にもなります。毎日かっちり時間を決めてやる必要はありません。何気ない会話のなかに織り込んでいくことができれば十分です。

ポイントはできるだけ毎日やることです。

内省の回路を太くするためには場数が必要であるのですが、そもそも人の記憶は本人が思っている以上に曖昧です。時間軸が長くなると大半の情報は忘却され、印象深い記憶（専門用語で「ピークエンドの情報」）ばかりが残ってしまう特性があります。

人は強い感情と紐づく記憶ほど海馬に定着しやすいため、どうしてもピークエンドの情報は「怒られた」「失敗した」「恥ずかしい思いをした」といったネガティブな体験が多くなってしまう傾向があり、日常にあった小さな幸せを忘れてしまいがちです。だから振り返りは記憶がフレッシュなうちにしたほうがいいのです。

そうした細かい情報にちゃんと気づき、そのときの感情をセットにして思い出し、共有する行為を通して、自分に関するポジティブな情報が少しずつ書き込まれていきます。

しかも人に話しているうちに自分のなかでの興味関心の矛先や、大事にしている価値観、幸せを感じやすいポイントなどが少しずつメタ認知できるようになります。

もうひとつ重要なポイントは、**聞き手は相手の言葉をそのまま受け止めてあげることです。**

私が主催するワークショップでも相手が言ったことに対して「なぜ?」「どうして?」「なにが?」とロジックを要求する人がたまにいます。もちろん自分の反応性を言語化していく作業もメタ認知のトレーニングとして大切ですが、子どもにとっては高度な技術ですし、脳の回路も一朝一夕でできるわけではありません。

そもそも人の感覚や感情は非言語的な反応ですから、必ずしも理由があるとは限りません。理由が言語で説明できないからその反応を軽視するのではなく、非言語的な反応性を大切にすることで、「良いな」「素敵だな」「楽しいな」「好きだな」といったポジティブな感情が芽生えやすい脳に変わっていきます。

実際、人の脳には前側の島皮質(Anteria Insula)と呼ばれる、感情の強度を主観的にモニタリングする部位があります。日常生活ではあまり使われる場面がない部位なのですが、嬉しかった出来事を大小あれこれと思い出すことを毎日繰り返していれば、その領域もUse it or lose itの原理で強化されていきます。すると小さな幸せであっても気づきやすい脳になるのです。

自分の内面を言語化するトレーニングは、内省が得意な脳に変わったあとからはじめれば十分です。まずは「なんでかよくわからないけど、そう感じた」という事実を受け入れることです。

最後に、以前私の講演に参加された男性から聞いた後日談をさせてください。

その男性はやり手の経営者で、家庭では職場と同じノリでお子さんと毎日反省会をすることが習慣だったそうです。課題意識を強く持ちながら毎日を過ごし、日々行動を改善していく典型的なビジネスパーソン発想です。

強制的にやっていたため子どもは幸せそうにはみえず、それに対して男性もモヤモヤした気持ちは抱いていたものの、「課題解決能力を身につけることは子どもの将来に絶対に役立つ」と信じて続けていたそうです。

しかし、私の講演を聞いて男性は考え方を改めたそうです。

毎日の振り返りで子どもが成長できたことや嬉しかった出来事などに意識を向ける

ようにしたところ、本人も子どももストレス要因がなくなり、家庭内の会話も増え、なにより幸せな気分で毎日眠りにつけることが嬉しい、と報告をいただきました。

みなさんもぜひやってみてください。

第4章

子どものメタ認知能力を鍛える方法

――工藤勇一

具体化と継続

私が麹町中学で一貫して目指したのは、子どもたちの「自律」であり、自律を脳科学の文脈に置き換えたときの中心概念として据えたのが「メタ認知能力」です。神経科学的な定義は青砥さんにしていただきましたが、私が子どもたちにメタ認知を説明するときに使っている定義は、さまざまなものがあります。

・自分を知る力
・自分自身をコントロールする力
・自分を成長させていく力
・ネガティブをポジティブに変える力

ざっと思いつくのはこのような感じでしょうか。

青砥さんも指摘されたようにメタ認知能力は簡単に身につくものではありません。メタ認知能力を高めるためのセミナーに出ている大人は私のまわりにもたくさんいます。ビジネスコーチングを受けている人もたくさんいます。しかし、そういう人たちのメタ認知能力が高まっているかというと、必ずしもそうとは限りません。

うまくいかない理由として、理屈を頭で理解する段階で満足して終わっている人もいるでしょうし、自分の具体に落とし込むことができてもそれを続けられなくて終わっている人も多いと思います。

ですから、学校で子どもたちにメタ認知能力を学んでもらうためには、子どもたち、教員、保護者全員が「自分を知り、自分を変える」重要性をしっかり理解した上で、「3つの言葉がけ」に代表されるように心理的安全性がある程度保たれたなかでトレーニングが続けられる仕組みや制度を大人がしっかりつくることが重要だと考えています。

優れた人は自分を知っている

では子どもたちにメタ認知の重要性を理解してもらうには、どうすればいいでしょうか。麹町中学ではメタ認知の概念とその大切さを理解してもらうために、子どもたちにとって身近な「三日坊主」という現象を引き合いに出して説明をしていました。どの学校や家庭でも使えるはずですので、参考にしていただければと思います。

三日坊主はほぼ全員が経験しているはずです。学校でも「三日坊主になったことがない人っている?」と聞いても、手を挙げる子どもはまずいません。その一方で「三日坊主って恥ずかしいことだと思っている人っている？」と聞くと、今度はほぼ全員が手を挙げます。

全員が経験することなのに、なぜ恥ずかしいというネガティブな印象を持つのか。それは日本ではなにか新しいことにチャレンジしようとするときに大人が「頑張れ」「我慢しろ」という精神論を当たり前のように使うからではないでしょうか。

頑張れと言われるから、うまくいかなかったときに子どもは「うまくいかなかった原因は自分が頑張らなかったからだ」と失敗体験と精神論を紐づけてしまいます。

真面目な女の子は燃え尽き症候群になりやすいと言われますが、燃え尽き症候群になる理由は「成功するためには頑張るしかないんだ」という発想が染み込んでいるため自分のキャパシティーを超えて負荷をかけようとするからです。

ただ、脳は本来、頑張るようにできていません。青砥さんの説明にあったように新しいことや異質なこと、もしくは自分にとって苦痛を感じることは、ホメオスタシスやエネルギー保存、防衛本能などの理由から、脳が勝手にストップをかけようとするわけですね。

つまり、**人が三日坊主になることは自然なこと**なのです。「頑張れない自分はダメだ」と自分を責める必要は本来なく、むしろ「三日坊主を精神論で乗り越えようとすること」自体が間違っています。

頑張れない自分はダメだと思い込んでいる子どもがいたら、「君はまったく悪くない。それが普通なんだよ」ということを大人がしっかり伝えることから三日坊主の克服や、メタ認知のトレーニングが始まります。

では、三日坊主を克服するためには具体的にどうすればいいでしょうか？

人の脳の使い方には癖があって、無意識の状態のまま新しいことをやろうとしてもなかなか脳が受け入れてくれません。脳の本能的な拒絶反応を抑え込むには、新しい刺激を意識的に繰り返すことで脳に慣れさせるしかありません。

つまり、三日坊主を克服するには、本来なら繰り返せないことをなんらかの手段を使って繰り返すしかありません。

ではどうやって繰り返すか？

そこで引き合いに出すのが、一流アスリートです。

「ラグビーの五郎丸選手って知っているよね。あの選手はボールを蹴る前に、いろいろな仕草をするよね。ああやって決まった行動パターンのことをルーティーンって言うんだけど、五郎丸選手は試合の緊張した場面で自分の実力が少しでも発揮できるように代表チームのメンタルコーチと一緒にあのルーティーンを考えたそうだ。緊張してしまう自分に対して『緊張するな』と言い聞かせてもなにも解決にならないけど、五郎丸選手は緊張してしまう自分をいったん認めて、緊張する場面でも理想とするキックが繰り返しやすい『仕組み』を、考えたということなんだ」。

すると子どもたちも納得します。

人間であれば誰しも緊張するし、楽をしたがるし、集中力が切れるし、失念したりします。大事なことは、自分はこういう場面でこういう状態になりやすいということをまず知ること。その上で、それを防ぐためにはどんなことができるかを精神論以外のところで考えることです。

ルーティーン以外でよく引き合いに出すのは、メジャーリーガーの大谷翔平選手が高校時代に使っていたマンダラートです。

マンダラートは目標を達成するための課題を言語化するために用いられる思考ツールで、一枚の紙を9分割し、さらにそれぞれを9分割した合計81マスを用意します。

一番中心のマスに最終目標（「ドラフト1位8球団」）を書き、そのマスを取り囲むように最終目標を実現するための手段（課題）を8つ書きます。そして8つの課題は、外周にあるマスの中心にそれぞれ書き込み、今度はその課題をクリアするためのより具体的な手段を8つずつ書いていきます。

たとえば大谷選手はドラフトで1位指名されるためには運の強い人間になることが必要だと考え、運の強い人間になるためにごみ拾いをしたり、部屋の掃除をしたり、挨拶をするといったことを課題として上げていきました。大谷選手はいまでもアメリカでゴミ拾いをしているという話を聞いたことがありますが、そういう行動が彼のなかに染み付いている証しです。

ここで大事なポイントは、ここまで大谷選手が自分の課題を分析して言葉にしている段階で、きっと彼は自分のことを「頑張れる人間か、頑張れない人間か」という視点では見ていないことです。課題を乗り越えるためには常にそこに意識を向けないといけない。だからわざわざマンダラートに書き込んで（おそらくは壁に貼って）視界に入るように仕向けたわけです。

五郎丸選手にしても大谷選手にしても、自分のことをよく知っています。自分のことを客観的に見ることができます。でもそれだけではダメで、自分の無意識を書き換えるためには繰り返しが必要で、繰り返しのためには仕組みが必要であることも認識しているのです。

なぜ子ども自身に解決させるべきか

麹町中学では「3つの言葉がけ」をはじめ、メタ認知能力を高めるには「自分で課題に気づき、自分なりに解決策を考えてもらうこと」を徹底しています。なぜなら自分ごととして課題に取り組み、工夫をしながらそれを乗り越えた体験は、その子が一生使える武器になるからです。

「自分ごと」になっているかが重要なので、もちろん大人はその手助けはしますが、最後は自分で決める形にすることを意識しています。

経験を通して身につけた行動特性のことをコンピテンシーと言います。

よく企業の採用面接で、「前職ではどのようなことを達成されましたか？　そのときに直面した課題はなんですか？　どうやってそれを乗り越えましたか？」といったことを聞かれます。このとき面接官が知りたいのは、課題に直面したときにどのように自分の感情をコントロールして、状況をどう俯瞰的に眺めて、目標を実現するためにどんな戦略を練って、人をどう動かしたのかといった泥臭いトラブルシューティングのスキルが備わっているのかどうかです。

ペーパーテストでは絶対に測ることができないけれども、その人の能力を推し量る上で不可欠なのがコンピテンシーであり、メタ認知能力はそのコンピテンシーの中心的なスキルです。

経験を通して一度身につけた力は、その後、楽に発揮できるようになります。すると、経験をさらに積むことになり、その力はどんどん磨かれていきます。

この事実は大人であればみんな知っているはずです。子どものときにスポーツや音楽などで何かを成し遂げた経験のある人は、勉強に本気を出したらすぐに結果を残せます。経営者として圧倒的な成果を残した人は、業種が変わってもプロ経営者として活躍できます。

扱う知識が変わっても、能力の土台となるコンピテンシーは普遍的だからです。

10代、20代くらいではメタ認知能力に個人差があると言っても正直あまり目立たないでしょう。しかしこれが40代くらいになってくると、メタ認知に磨きをかけ続けてきた人（自分を成長させる術を知っている人）と、その鍛錬を全くしていない人の差はかなり大きなものになります。

だからこそ、メタ認知能力は子どものときから少しずつ訓練をして、せめて社会に出るときにはその下地だけでもしっかりつくっておくことが学校の役割ではないかと思うのです。

「反省しない」が出発点

先ほどの三日坊主の例えや、ルーティーンの話からもわかるように、**メタ認知能力は自分を俯瞰的に見つめる力を高めていくことによって得ることができますが、その際に気をつけてほしいのは「反省しないこと」「自分を責めないこと」です。**そのためには親や指導者は**「子どもを責めない」「否定しない」**を徹底しないといけません。

もちろん自分に関する客観的な情報を持っておくことはメタ認知において必須です。自分に意識を向ける訓練も必要でしょう。ただ、青砥さんも書かれていたように、本人が望まなくても子どもは学校や家庭、塾、クラスメイトなどから外部評価を洪水のように浴びています。

メタ認知をする上で大切なのは、自分に関する情報や評価を「自己否定の材料」に使うのではなく、「自分の成長の糧」に変えていく意識の改革です。そこがすべての出発点です。

その意識を変えるためには、多くの人が常識だと思っている思考の大前提となる部分をまるっきり上書きしないといけません。

「理想的な人間を目指せ」↓「人間は所詮デコボコだよ」
「失敗は許さない」↓「人間は誰でも失敗するし、たとえ失敗しても大丈夫」
「いい学校に行け」↓「学校なんて練習場にすぎないよ」
「周囲と合わせろ」↓「人はみんな違うんだよ」
「気合で乗り切れ」↓「頑張れないのが普通だよ」

このような意識改革が学校全体でできない限り、大人は子どもを否定し続け、子どもが自分を俯瞰的に捉えられるようになっても自分を責め続ける構図は変わらず、結果、自己肯定感を失った当事者意識の欠けた子どもを量産することになるのです。

とくに私が「否定しない」ことの重要性を痛感するのは、誰かを説得しないといけないときです。

メタ認知能力が高い人を相手にする場合は別として、自分の思考パターンや言動パターンに問題がないと信じこんでいる人に対して「それは違うよ。こうでしょう」といきなり否定から入っても、「はい。そうですね」と言う人はまずいません。頭に血が上り、冷静な判断などできなくなり、感情的な対立が起きるだけです。

ただでさえ人は自分のことを俯瞰視しづらいわけですから、自分が良かれと思っていることを真正面から否定されては自分を振り返ることはできません。

もちろんそれは子どもにメタ認知をさせるときも同じです。子どもを否定しない、責めない、反省させないことを大人が十分注意して心理的安全性を保つからこそ、思考がちゃんとでき、ときに自分の非を素直に認めることができるのです。

その一言がメタ認知の機会を奪う

大人が子どもにかける言葉は本当に大きな意味を持ちます。

たとえば、子どもがスピーチの練習をしているとしましょう。このとき子どもに自分の課題を見つけてもらう一番効率の良い方法は録画や録音をすることです。

ちなみに私も教員になりたてのころ、自分の授業を自分で録音しては家で聞いてみることを自主的にやっていました。すると「この口癖は直したほうがいいかな」とか「この発言で傷つく子どもがいるかもしれないな」といった気づきを多く得ることができました。どれだけ自分を客観的・俯瞰的に捉えることが苦手な人でも、録画や録音なら強制的に自分から切り離すことができます。

では子どものスピーチをスマホで録画したとしましょう。明らかに照れながらしゃべっていて、まだまだ改善の余地はありそうです。

ここで大半の大人はほぼ無意識のうちに「お前、ずいぶん照れてるなぁ」と言ってしまうでしょう。実はその一言が子どもの成長を阻害しています。

いまの日本の教育の主流となっているのは子どもたちに反省を促すことです。教員が「自分と向き合え」「自分を見つめろ」というときは、基本的に反省しろという意味で使われています。しかし、そうではないのです。

子どもであっても自分の動画を見せつけられたら、自分が照れていることくらい気づきます。そこが課題だとわかって、その課題を解決したい気持ちが湧いてきたら、「照れない方法はなんだろう?」に意識が向きだすはずなのです。

でも大人から「お前照れてるな」と言われたとたん、その子の頭のなかでは「自分は人前でしゃべって失敗した」という記憶が残ってしまい、反省や後悔、もしくは将来への不安のほうに意識が取られてしまいます。「もっとうまくなろう」という気持ちも削がれてしまうかもしれません。同時に、ネガティブなフィードバックをした大人に対して不信感が募り、口をきいてくれなくなることもよくあることです。

つまり、子どもに自分のことを客観的に知る機会を与えても、そこで**大人が子どもに一方的にダメ出しをしてしまっては良いことはひとつもない**のです。

では、この場面でどういう言葉を選ぶのが適切なのでしょうか。押さえるべきポイントは「3つの言葉がけ」と同じです。

・相手を否定しない。現状に対してOKを出す
・本人がどう思ったか、どうしたいか聞く
・(場合によって)本人が思ったことと真逆のことをいう
・その上で手伝ってほしいことがあるか聞く

理想的な対話例を挙げておきます。

かっこのなかに記したのは、発言の意図です。

「おお、いいじゃん。君はどう思った？」（OKを出してあげる。本人の気持ちを尋ねる）

「え〜。でもなんか……モジモジしてるし……」

「全然大丈夫だろ。え、もっとよくしたいのか？」（反省しそうなので肯定してあげる。意思を確認する）

「うん」

「それは良い心がけだな。それに課題に気づいたってことはすごいんじゃないか。そこを変えていけばいいんだからな」（自分に意識の矢印を向けたことを褒める。改善意欲を高める）

「そうだね」

「まあ、たしかにさらによくできそうなヒントはあった気がするな。知りたいなら教えてもいいけど」

（解決の糸口があることを伝える。最後は自分で決めさせる）

このように、大人が意識したいのは子どもに自分のありのままを受け入れさせて、それをプラスの方向に変化させるにはどうするかを本人の力で考えてもらうことです。このとき、思っていることと真逆のことを言うのに抵抗を感じる方もいらっしゃるかもしれません。しかし、やはり優先すべきは子どもが反省してやる気を失わないように、現状に対してすべてにOKを出してあげることです。

もちろん私もいつもこのようにうまくいくわけではありません。教員という立場だとスムーズにできても、家庭では感情が先走って失敗することもあります。ただ、こういうことを普段から意識していることで仮に失敗してもそのあとのフォローができますので、まずは軽めの課題からお試しください。

徹底的にプロセスを意識させる

子どもたちが自分と向き合う機会を増やす簡単な方法は、子どもたちに結果ではなくプロセスに意識が向くように大人が仕向けることです。正しい褒め方でも書いた通り、多くの大人がついやってしまう「結果を褒める行為」ではプロセスに意識を向ける余裕が生まれません。

プロセスをひたすら褒めるようにすると、子どもたちは「プロセスの質」を求めるように意識が変わっていきます。

その象徴的な例が、麹町中学での定期テストの廃止と宿題の廃止です。

定期テストがあると「定期テストで他の生徒より良い点を取ること」が生徒の目的になりがちなので、普段は勉強せずにテスト直前に一夜漬けをする現象が起きます。また、宿題があると「宿題を提出すること」が目的になってしまうので、わかる問題だけ解いてわからない問題を放置する現象が起きます。

本来の学びとは「わからないことをわかるようにする」ことですから、まったく意味のないことに子どもたちの貴重な時間が奪われることになります。とくに宿題は言われたことをこなしているだけで自ら選択したわけではないので、子どもたちは勉強に対してネガティブなイメージを持つようになります。

いずれも「子どもの学力を上げる」という上位目的とは反する現象が起きるのです。

そこで麹町中学では定期テストを廃止し、その代わりに出題範囲の狭い単元テストを導入しました。さらに単元テストの点数に納得できなかった子どもは再テストを受けられるように仕組みを抜本的に変えました。同時に宿題も廃止したので、子どもたちは自分にあった勉強のスタイルを確立していかないといけません。

ここまで仕組みを徹底すると、子どもたちの思考パターンは自ずと「わからないことをわかるようになりたい」「テストで良い点が取れなかったけど、もうちょっとなにかできたかもしれない」と能動的になっていきます。定期テストも宿題も無くしたら子どもが勉強しなくなるのではと思われる方が非常に多いのですが、それは**「子どもは命令しないと何もできない」という大人の思い込みにすぎません。**

とくに子どもたちの学習意欲を掻き立てる効果が高いのが単元テストの再テスト制です。テストを受けるかどうかは完全に任意で、再テストを受けたら2回目の点数が成績になる仕組みになっています。すると子どもたちの頭のなかで何が起きるかというと、クラスメイトに勝つか負けるかの発想から、1回目のテストを受けた自分に勝ちたいと発想が変わるのです。

1回目が不本意な結果だと自分の課題を解決しようという意思が働き、わからないものをわかるようにするためにはどうしたらいいかといろいろ考え、友達に聞いたり、インターネットで調べたり、教員に聞いたり、図書館に行ったりと自分なりに試行錯誤をはじめます。もちろんその間、教員からこれをしろ、あれをしろの指示は一切ありません。

最初のうちは子どもたちも何をすべきか戸惑って、大半の子どもは仲良しグループのなかで質問をしあったり、仲のいい先生に質問をしたりすることからはじめます。多くの子どもにとってはそれ自体が異質な体験であり、もしそこで問題が解決できれば、**「困ったときは人に聞けばいいんだ」**とひとつ学ぶことができます。

さらにそれを何回かやっていると、「この科目は親友に聞けばいいけど、数学をもっと上手に教えてくれる人っていないのかな」といった具合に、自分の勉強法をアップデートしようとする子どもが出てきます。

たとえば親友に「このクラスで数学を教えるのが一番上手な子って誰かな」と聞いてみて、その子との接点がないのであれば共通の友人を介してお願いをするなどを自主的に行うようになります。それでうまくいけば、今度は「相談する相手って大事なんだ。人脈を広げれば相談相手は増えるんだ」という学びを得ることができ、それを繰り返せるようになります。

麹町中学の子どもは3年生にもなると先生がなにも言わなくてもみんな勝手に学び合う環境に変わります。視察に来られる方はその光景に一様に驚かれますが、それが実現できるのも、口先だけではなく、徹底的にプロセスに意識が向くように環境を整えているからです。

「モデリング」の威力

子どもたちが自分なりの成長方法を自由に模索するようになると、心理学でいう「モデリング」を積極的に活用する子どももでてきます。「モデリング」とは、見本となるある対象をじっくり観察・分析して、自分をその見本に近づけていく行為や現象のことを言います。

青砥さんの説明でもあったように、自分が理想とする姿と現状の自分の姿を見比べる行為は俯瞰視そのものであり、自分の課題を絞り込みやすく、成長が早いという大きなメリットがあります。

テレビでも度々取り上げられる東京の原田左官工業所では、一人前になるには10年もかかる左官職人の業界で、入社わずか2ヶ月で現場に立つことができるスキルを身につけさせ、4年もすれば一人前に成長させるという、常識をはるかに超える速度で人材を育成しています。それを可能にしているのがモデリングです。自分が壁を塗っている動画をひたすら撮影し、名人の動画と見比べながら少しずつ名人の動きを真似ていくことで、最短で上達ができるようになっているのです。「長い下積みをしないと道具を触らせてくれない」「師匠の背中を見て覚えろ」といった従来の職人の世界の発想とは、まったく異なります。

もちろんすべての子どもたちに強制的にモデリングを推奨するわけではありません。基本的には自分に合った方法を見つけさせることが大切なことですから、その方法をなかなか見つけられない子どもがいれば、「たとえば友人のノートの取り方を真似してみたらどうかな」と助言すればよいのです。大切なのは自分を俯瞰的に見るきっかけになるかどうかです。

テニスをやっている子どもが「上手な人のやり方を参考にしてみる」というスタイルが有効だと思えたら、「自分のテニスのスイングを撮影して、上手い人と比べてみようかな」という発想も生まれてきますし、もし比較しても自分の課題がわからなかったら、今度は課題を指摘してくれそうな人を探そうと思うことにつながっていきます。

こういう経験を学校ですれば、きっとその子どもは社会に出てもモデリングによって自分を成長させていくことができます。

子どもが気づいていないことを言語化する

完全に私見ではありますが、私は教員の腕前は専門知識の量で決まるものではなく、「言葉選びの能力」で決まると思っています。子どもと真剣に向き合っている教員ほど、自分のたった一言が子どもの人生を変えることを痛感しているはずです。

私も現役の教員をしていたときは、学期末が近づくと通知表の所見でどんな言葉を書くかを、毎晩遅くまで考えていました。頑張り屋さんの子どもに「よく頑張りました」と書いたり、落ち着きのない子に「落ち着きましょう」と書いたりすることは誰でもできます。

そのとき私が意識していたのは、本人が気づいていないところを褒めてあげることです。大人でもそうですが、自分が意識を向けたことがないところを褒められると純粋に嬉しいだけではなく、そのことに意識が向くようになるので、それが本人の特徴に変わっていきます。当時は脳科学の知識はありませんでしたが、実はメタ認知のきっかけをつくっていたのです。

いつも落ち着きがなくて、授業中に立ち歩いたり、先生の言うことを聞かない子どもがいたとします。「褒めてあげようかな」と思っても、ついその子のクラスでの立ち振る舞いが脳裏に鮮明に浮かんで、やんわりとダメ出ししてしまう先生がほとんどでしょう。

しかし、その子の様子をつぶさに見ていると、99％はダメな行動をしていても、ごくたまに自分をコントロールしてトラブルを回避する瞬間があるものです。それに教員が気づいたのであれば、「時折、自分をコントロールして授業に臨む行動が見られるようになった」といったように、その**1％をちゃんと褒めてあげる。**すると次の学期から面白いように行動変容が見られるようになり、それまで1％の頻度だったのが、5％、10％と増えていくのです。

教師が期待をかけることで本当に子どもが変化していく作用のことを教育心理学の世界でピグマリオン効果（教師期待効果）と言います。「期待感」が子どもを変えるというより、新しい「言葉」が脳に入ってきて、そこに意識が向くようになることで、子どもが変わっていくのです。

そのため**ピグマリオン効果で使う言葉は、100％大人側の願望でも構いません。**

たとえば、クラスで問題を起こしてばかりいる子どもの母親と2者面談をするとき、子どもにそのそぶりがなくても、「最近、少し大人になりました？　だいぶ意識できるようになっていますよ」と伝えます。次の日にその子に「お母さんからなにか言われたか？」と聞くと、子どもは少し照れ臭そうに「いやぁ、よくわかんないけど褒められちゃった」と言うので、ピグマリオン効果を狙ってこう言います。

「そうか。君が最近、意識して自分がコントロールできるようになりましたよってお母さんに言っておいたんだ。実際、できるようになったからな」と。

すると子どもは「いやぁ～。まぁ～。そうですかぁ～」と曖昧な返事をするのですが、やはりその日から行動に変化が見られるようになります。

青砥さんの説明に従えば、子どもが自覚していないことを言語化して伝える行為は、本人がもっている自己イメージに対して、新しい自己イメージをインストールして、同時発火させるようなものです。「自分って実はそういう人間なんだ」「自分ってそういう変化をしているんだ」「自分のこういうところが認められているんだ」ということを一度でも学習すると、本当に子どもはその方向に変わっていきます。

もちろん、これは逆もありえます。

本人の自己イメージになかったネガティブな情報をわざわざ大人が言語化して伝えることによって、マイナス方向のピグマリオン効果が起きます。残念ながら日本の教育現場ではこのパターンばかりです。

「小1プロブレム」などがその典型です。

集団行動ができない子どもや机に座っていることができない子どもがいることは本来まったく問題ではなく、発達の特性の異なる子どもを受容できない学校の仕組みが問題であるはずなのに、教員が「なぜ君は他のお友達のように座っていられないの」と言語化した瞬間にその子は「自分は座ることもできない子どもなんだ」と自己を否定的に捉え始めてしまいます。

大人は言葉の威力をもっと自覚したほうがいいのではないでしょうか。

対人トラブルは自分を知るチャンス

人間であれば誰しも嫌いな人や苦手な人がいます。学校でもクラスに30、40人集まれば、相性の悪いクラスメイトは必ずいるものです。ただ、子どもにとってはそれが大きなストレス要因となることも多く、いくら大人が「社会に出てもそんなものだよ」と言っても、納得してもらえません。

私もそうした対人関係で悩む子どもの相談に何度も乗ってきましたが、子どもの意識をガラッと変えるインパクトのある言葉として教員にも参考にしてもらうことが多いのは「気に食わないことはたいてい自分が気にしていることやこだわっていることだ」という言葉です。

とくに親子間だとよくあります。たとえば「自分にはチャレンジすることから逃避してしまう傾向がある」というコンプレックスを抱いているお父さんが、弱気になっている自分の子どもを見ると、ものすごい剣幕で叱りつけることがあります。どうしても感情が入りやすいからですね。

でもそこで「それって君自身が気にしすぎているからじゃないか」と第三者に言われると、自分を俯瞰視することになって、感情のコントロールがしやすくなります。

小・中学生くらいだと少し難しいかもしれませんが、高校生くらいになれば効果覿《てき》面《めん》です。

しかもこの言葉がけがいいのは、たった一度それを指摘するだけで、その子が今度、対人関係でイライラする場面に遭遇するたびに、「なんで自分はいまこいつに苛立っているんだろう」と、自分と相手を俯瞰的に見られるようになることです。

対人関係でぶつかったり、嫌な思いをするたびに、自分のことを知ることができるのです。

教員や親のメタ認知能力はどう上げるか

子どものメタ認知能力を鍛えるためには、メタ認知ができる大人のサポートが必要であると青砥さんは指摘されていました。たしかにそうだと思います。

学校を子どもたちが自律的に学ぶ場に変えていくにしても、いまの日本では教員に「指導」の仕方は教えても「自律を促す支援」の仕方は教えていないため、コーチング人材が圧倒的に不足しています。

しかし、私はこのことについて悲観視していません。

なぜなら教員にしても、親にしても、自分の考え方を押し付けることをやめ、子どもひとりの将来のために自分がどんなサポートができるのかに切り替えることさえできれば、日々の子どもとの接点がメタ認知の最高のトレーニングになるからです。

その証拠に（といったら大げさかもしれませんが）、麹町中学ではメタ認知の重要性を教員に伝えているものの、メタ認知やコーチングの類の研修を無理やり受けさせるようなことは一切行っていません。

公立学校なので教員の入れ替わりは頻繁に起きます。しかし、新しい教員でも麹町の教育目標や指導方針、各種制度に従って1年くらい現場を経験すれば、自分のことを俯瞰的にみながら自分の行動や感情をコントロールできる人材に育ちます。

振り返ると、私自身もメタ認知能力を高めることができたのは、教員になって子どもたちを俯瞰的にみる習慣がついたからです。

はじめのうちは経験が浅かったので、子どもを元気づけようとして「よくやったな」「頑張ったな」といった情緒的な言葉がけを私もよく使っていました。たしかにその言葉で子どもは一瞬喜ぶものの、自分の発した言葉がばっちりハマるときとそうではないときがあることにすぐに気づきました。

子どもに対する助言をするときもそうです。悩みを抱えて落ち込んでいる子、自分なりに課題を乗り越えようと努力をしている子、大人のプレッシャーに潰されそうになっている子。クラスには本当にさまざまな課題を抱えている子どもがいます。そんな子どもにわかったふりをして説教をしたり、自分でもできていない精神論を振りかざしたりしたところで、子どもたちの成長にはつながらないことを感じるようになりました。

それ以来、私は子どもの置かれている状況をできるだけ客観的、複眼的に観察して、その子の成長につながる最適な言葉はなんだろうと毎日考えるようになりました。

もちろん伝えるだけでは私の思い込みで終わる可能性もあるので、子どもに働きかけをしたときはその子の表情や発言、行動などからフィードバックを得ようと心がけました。表情だけでわからない場合は話をして、「先生の言葉を聞いてどう思った?」といったことを直接ヒアリングしていました。

そのようなことを繰り返しているうちに、次第に子どもたちの理解だけではなく、自分に対する理解(他人が自分をどう見ているか)も深まり、子どもたちに刺さる言葉を選ぶ能力が日に日に高まっていったように感じています。

そうやって言語化の威力を知った私は、今度はその言葉を自分に向けて使いだしたのです。

たとえば感情が爆発しやすい子どもに対して「ここは一回冷静に受け止めて、感情をコントロールしてみようか」といった一段視座の高いセリフは、自分ごとではないから言えるわけです。しかし、私の言葉によって子どもが感情のコントロールが少しできてくる様子を見ていると、「じゃ自分はどうなんだ?」と思うようになり、同僚との対話の仕方も変わっていきました。

20代の私は自分が思い描いていた学校教育の理想と現実とのギャップから、学校の幹部や先輩教員に対してやたらとイライラしていました。尖った発言をすることもありました。物事を俯瞰的に見る経験もまだ浅く、私の理想像と相いれない教育をしている人たちのことを受け入れることができなかったからです。しかし、子どもたちには「イラついても問題は解決しない」と言っているわけですから、そこではじめて「感情的になる自分」についていろいろ考えたのです。

私のなかでメタ認知による自己コントロール能力が一段と高まったと実感できた発想の転換が2つあります。

ひとつは私が一貫して主張している**「最上位目的に立ち返る」という発想**です。つまり、「子どものため」という最上位目的を達成するためには、嫌いな教員がいても感情をむき出しに衝突することは得策ではない。その教員の考え方を変えるにはどんなアクションを取ることが最善なのかを集中的に考えられるようになりました。

もうひとつは**「自分の理想を他人に押し付けない。人間はみな発展途上である」**という、一種の開き直りです。当時の私は、クラスにどれだけ反抗的な子どもがいても私から適切なアクションを取り続けていれば、最後は信頼を勝ち取れることを経験からわかっていました。子どもたちが未熟なのは当然のことで、それに対して感情的になるのはプロではないと思っていたのです。

その発想を、私は上司や同僚に対してもあてはめるようにしました。「上司だから自分の理想通りの人間であるべきだという発想がおかしかったんだ。まずはありのままを受け入れよう」と発想を変えてみる。これ以来、職場での対人関係のストレスは大幅に減ることになりました。

このように、子どもが成長していけるための言葉を模索する作業を続けていれば、その言葉は自分自身に跳ね返ってきます。そして跳ね返ってきた言葉をきっかけに自分を客観的に眺める訓練がはじまり、行動も少しずつ変わっていきます。もしそれでいい結果につながったら、「メタ認知ってこういうことか。もうちょっとやってみよう」ときっと思うようになるはずです。

まずは子どもを俯瞰的に眺めることからはじめましょう。

いいことは続け、悪いことはやめる

仕事柄、私はいままで不登校の子どもを抱える多くの家庭と向き合ってきました。実はそのとき私が両親に対してお願いしているメソッドも、メタ認知を活用しています。さまざまなシチュエーションで使えると思いますので、簡単に説明しましょう。

やってもらうことはシンプルです。

「子どもに働きかけをしたときに、うまくいったこととうまくいかなかったことを逐一書き出し、夫婦で共有しながら、よい結果が得られたことは続けて、あまりよくない結果となってしまったことはやめるようにしてください」というだけです。

なぜこれが有効かというと、なんらかのきっかけで長く不登校になってしまった子どもがいる家庭はある意味、その状態で安定してしまっているからです。専門的には「枠組み」とか「フレーム」と言います。不登校になった当初は、なぜ子どもが不登校の状態になったのかと原因を探ります。

そして、当然ですが、その原因を取り去ることがその状態から脱することだと考えます。しかし、そのための努力が良い結果を生むとは限りません。むしろ、この状態をさらに悪化させてしまうことが多々あります。原因の責任追及のようなことが起こるからです。誰が一体悪いのか、本人なのか、学校なのか、友達なのか、そして母親なのか、父親なのかと、子どもを取り巻く家族みんなが自責、そして他責に陥ります。当然ですが、これは本人にもっとも色濃く影響を与えることになっていき、結果としてこの状態（フレーム）がさらに固定化していきます。

この状態を抜け出すには安定してしまった枠組みをどこか壊さないといけません。これをリフレーミングと言いますが、無意識で行っている自分自身の日頃の思考パターンや行動パターンを自分の力だけで変えることはなかなか容易ではありません。信頼のおける第三者の手助けが必要です。

リフレーミングは2段階にわかれていて、最初のステップはご両親に対して「自分を責めたり、夫婦同士で責め合ったりすることをやめましょう」とはっきり伝えることです。この本で何度も強調しているように、「反省しないこと」がメタ認知の出発点です。

実際、不登校はただのボタンの掛け違いで起ることであり、親の育て方は実はあまり関係ありません。ただ、親が普段から自分や他人を責める家庭ほど子どもは親を責めるようになりやすく、それが事態の硬直化の原因になることがほとんどです。だからまずはそこを解きほぐさないといけません。

ちなみに経験の浅いスクールカウンセラーはこのような場面で「お母さんが過干渉だからですよ」と原因究明をしようとするのですが、それでは事態を解決するどころか、むしろ悪化させることになってしまいます。

次のステップでやってもらうことが、両親が子どもに対して日々とっているアクションに対して、「いいことは続け、悪いことはやめる」ということです。まずは子どもとの接点がある場面を書き出し、それぞれの場面で普段どんなアクションをとっているか書き出していきます。そして、明らかに子どもが反発をするアクションは別のアクションに変えてみるようにお願いし、次回のアポのときに、どんなことがうまくいって、どんなことがうまくいかなかったか、報告してもらうようにしています。

両親からすればどんなアクションでも本人たちが良かれと思って取るわけですか

ら、いきなりそれを第三者から否定されたら気持ちがいいことではありません。しかし、「いいことは続け、悪いことはやめる」ということには納得感があり、なおかつ単純明快なルールに則って自分たちのアクションを整理していくことならどんな両親でもできます。

すると両親は自分たちの行動を第三者の目線から捉えることができるようになり、実際に行動が変わっていきます。そして最終的にはリフレーミングが起きて子どもに変化が現れるのです。このメソッドは反抗期真っ盛りの子どもにも使えます。

結局、家庭で問題を起こす子どもの多くは依存心でいっぱいです。依存してもっと良いサービスをくれと思っているのに、出されたサービスに対して不満を持つという悪循環に入っているケースがほとんどです。そういう子どもには自己決定をする習慣をつけてもらわないといけないのですが、そのためには両親が自分たちのアクションを俯瞰的に見直す行為が必要です。アクションを紙に書き出し、客観的な基準で見直しをかける手法は、メタ認知が苦手な人でもすぐに使うことができます。

【巻末特典】

心理的安全性をメタ認知するワーク　青砥瑞人

最近、私（青砥）は教員の方を対象にしたメタ認知向上のワークショップを行っています。扱う題材は心理的安全性。「自分にとって心理的安全性を感じやすいものは何か」をメタ認知してもらいます。

子どもたちを心理的危険状態に追い込まないためには、まず先生たちが心理的安全性をつくりやすい脳に変えることが先決である、という理由ではじめました。何回かやってみて効果が高いことがわかってきたため、いまは子どもや親子を対象に実施することを検討中です。ここにそのワークのひとつの概要を掲載しますので、ぜひご家庭や職場などで実践してみてください。（その他、有効なワークや、ストレスをケアするだけでなく、成長の因子にするためのワークなどに興味がある方は『HAPPY STRESS ―ストレスがあなたの脳を進化させる』（ＳＢクリエイティブ刊）をご参照ください）

ステップ① 自分が心理的安全を感じるものを書き出す

自分が落ち着く（もしくは落ち着きそうだと思っている）モノ、コト、場所、状況、時間などを40個書き出してください。

2、3個ならすぐに書けますが、40個となると簡単ではありません。自分の日常や過去の体験を必死に振り返る必要があります。それは夕日かもしれませんし、曲かもしれませんし、玄関を出たときの朝の空気かもしれません。自分が落ち着ける要素はいろいろなところに広がっているはずなのに、たいていの人はそのことに気づいていません。だからこそ敢えて注意を強く向けるのです。

最低でも40分。余裕があれば1時間くらい時間を確保しましょう。

ステップ② 相対的なスコアをつける

40個書き出したらすべての項目に対して、2つの尺度で相対的なスコアを付けます。

ひとつの尺度が「インテンシティ（強度）」。

「どれくらい落ち着くのか」、マックスを10として10段階評価でスコアリングしていきます。その際、スコアが1や2だからといって価値が低いという解釈をしないように注意します。むしろ、そうしたささやかな効果にも気付けている状態が大切なのです。

もうひとつの尺度は「アクセシビリティ（手軽さ）」。その対象への近づきやすさです。こちらは5段階評価にします。たとえば温泉旅館に泊まると落ち着く人がいたとしても、現実的には年に数回行くレベルでしょう。その場合は1や2になります。

一方、自分の子どもの寝顔を見ることやコーヒーを飲むことで落ち着くのであれば、毎日触れることができるので5になるでしょう。

ステップ③ 座標にプロットしていく

インテンシティとアクセシビリティの2軸からなる空の座標をつくり、そこに、自分が落ち着くもの40個をすべてプロットしていきます。かなりのスペースを取りますので、大きめの紙やホワイトボードなどを使いましょう。

多少手間のかかる作業ですが、脳のなかの自分に「自分はこういうもので心理的安全を感じやすいんだ」という情報を強く書き込むためには重要な作業です。

書き込むときのコツは、それぞれの対象に対して感情を込めて書くことです。

「あのときはこの景色で救われたな」

「これをはじめて買ったとき、本当に嬉しかったな」

といった過去の記憶も引っ張りだしながら書くことで、感情記憶を伴う強い印象として残りやすくなります。絵が得意な人は簡単なイラストをつけながら書き込むと、さらに記憶に定着しやすくなります。

ステップ④ パターンを見出す

プロット作業が終わったら、文字通りその紙を俯瞰的に眺め、気づいたことを言語化します。

「強度が強いものばかりだな」「ビジュアルに関するものが多いな」「人に依存するものが多いな」「食べ物ばかりだな」「手軽にアクセスできるものが意外と少ないな」など、いろいろな傾向が見えてくると思います。

これがまさにメタ認知。自分を俯瞰的に捉え、自分について学んでいくことです。

ステップ⑤　共有する

ステップ④で自己完結するだけでもそれなりの効果はあると思いますが、私のワークショップで重視しているのはその後の共有です。

グループを変えながら自分のマップを発表し、それに対するフィードバックを得るという共有セッションを2、3回持ちます。もちろん、他人の結果にフィードバックするときはネガティブな発言は厳禁とします。

3回も話せばそれだけ脳にも記憶されますし、さらにそのとき「独特だね」とか「すごくよくわかる」といったフィードバックがあれば、さらなる客観視につながる上に、印象にも強く残ります。結果的に自己理解がますます深まるのです。

記憶定着をさらに確実なものにするためには、1週間後や1ヶ月後に同じ作業をしてみるのが理想です。自分のパターンを一度知ったことで意識のアンテナが立つようになりますし、共有セッションで他人のパターンを知ることで新たな気づきが得られることも多いので、2回目は個数を増やすといいでしょう。

おわりに　工藤勇一

最後までお読みいただきありがとうございました。

青砥さんと出会い、研究会を企画してから数えて約3年、全国から多くの人たちが集まる研究会を開始してから約2年、この間われわれが改めて強く感じたことは、大人たちは子どもの成長を「支える役割」に徹すべきだということです。ついつい忘れがちなことですが、学校の主役はあくまでも子どもです。

しかし、いまの学校を見渡すと相変わらず大人が主役になろうとしているように見えます。

たとえばいま全国の学校では優秀な教員を早急に育成しないといけないという焦りから、授業力をアップするための研究会が活発に行われています。授業力をアップすることはわざわざ手のかけ方に磨きをかけているようなもので、そこを極めてもせいぜい子どもたちが「あの先生の授業はわかりやすいけど、この先生はダメだね」と不満を持つだけでしょう。子どもたちの心理的安全性が確保されるわけでも、メタ認知能力が高まるわけでも、自律が促されるわけでもありません。

教員自身も教育の本質に立ち返りながら自分たちの姿をメタ認知することの重要性を、つくづく感じます。


もうひとつ研究会を通して感じたのは、学校運営における多様性の大切さです。実はこの研究会は一般からの参加者を募って研究を続けました。教員だけだと考え方が偏ると思ったからです。私たち教員自身も従来型の教育を受けてきているため、自分たちが歩んできた道を否定したくありません。たとえば、「いまの私があるのは、学生時代にあの先生にスパルタ指導を受けたおかげだ」などといった感じです。しかし、そのようなバイアスを考えると、この研究を教員たちで行っていくだけでは、本来あるべき教育の姿を見失わせてしまうのではないか、という気がしたのです。

結果的に私の直感は当たりました。

過去に教育を受けた立場である一般の方々やまさにいま教育を受けている子どもの親の立場の方々が参加してくださることで、教員だけでは気づきにくい課題がどんどん言語化されていく光景を目の当たりにして、普段の学校運営もそうあるべきではないかと感じるようになりました。私は2020年4月から私立の横浜創英中学・高等学校の校長に就任し、麹町中学のときのように大々的な学校改革を進めている最中ですが、その一環として保護者も含め、多くの外部の方々が日常的に学校運営に関わる仕組みを構築していきたいと考えています。

ここで少し私の個人的な話をさせてください。

私にはいま小さな女の子の孫がいます。私の子どもは2人とも男の子だったので、はじめての身近な女の子の育ちを興味深く観察しています。はじめは少し臆病なところがあって、おもちゃを前にしても自分にできそうなこと以外、なかなか挑戦しようとしませんでしたが、慣れてくると、気の向くままなのか、新しいことに次々と挑戦することもあり、イライラしたり、泣いたり、笑ったり、驚いたりする表情と併せて、変化し成長する姿が面白くてたまりません。

でもさすがに息子夫婦は、自分の娘の姿を私たち夫婦のように楽しんでばかりではいられないこともあるようで、時には先を読んでついつい手を貸そうとする場面だってあります。

情報化社会、インターネットで調べれば、子どもの発達に関する情報は溢れかえっています。人と比べるなといくらいっても余計な情報が次から次へと入ってきます。そうした情報に時折心配になることがあるのも当然でしょう。

本人が手を貸してほしいときに手を貸す。望まないときにはじっと待っている。時間にしたらほんの数秒の差かもしれませんが、どうしてあげるのがこの子のためになるのか、息子夫婦の試行錯誤する姿を眺めながら、子どもの主体性を生かしていくことの難しさと大切さを改めて感じながら、この本をつくりました。

今回の本で取り上げた「心理的安全性」と「メタ認知能力」というテーマは、概念を理解することはさほど難しくありません。読んだことを自分ごとに落とし込むことも、学校の制度上の話を除けば、できないことはないでしょう。とくに「3つの言葉がけ」は、明日からすぐ使えそうな気がするはずです。

難しいのが実践です。

「理屈ではわかったんだけど子どもを前にしてできるんだろうか？」と不安に思われている方も多いでしょう。もしくは実際にやってみて、思いどおりにできない自分を悲観する人もいるかもしれません。

本書で何度も書いた通り、**反省や自己否定はなにも生み出しません。大丈夫です。完璧な教育者、完璧な親などこの世にいないのです。**到達できないところをゴールにして自滅することほど無駄なことはありません。

大事なことはいまの自分にOKを出してあげること。

そして、いま、この瞬間の自分にできることに専念して少しずつ自分を成長させていくことです。

教育や育児で悩んだときは、「まあ、これって他の人もきっと悩んでいるんだろうなぁ」くらいの受け止め方がちょうどいいのです。

終わりになりますが、改めて「出会い」の不思議さを感じています。私に限らず、人の転機や成長のきっかけはいつも偶然なのだろうと思います。

そもそも脳科学を教育に取り入れてみようと研究を始めたのは、2017年2月24日、青砥瑞人さんが麹町中に私を訪ねてくれたことがきっかけです。そして、総理大臣が新型コロナ感染リスクに備える観点から全国すべての小中学校、高等学校、特別支援学校の休校を要請するという記者会見を行った日の前日、2020年2月26日、文部科学省講堂をお借りして行った研究発表会までの3年間、研究は続きました。この間、大阪市立大空小学校の初代校長の木村泰子さんをはじめ、日本全国からあらゆる立場の方々が大勢集まってくれました。

経験主義的で結果主義的な日本の学校教育のさまざまな問題点や悪習を、脳神経科学という最新の研究をエビデンスに理論的に問い直したい。研究が始まった頃、そんな怒りのような思いは、多種多様の参加者それぞれの胸の内に確実に存在していたように思います。しかし、研究が進むにつれて、参加者の誰もが、この研究は自分自身を研究することだということに気がついていったように思います。研究テーマが次第に「心理的安全性」と「メタ認知能力」に絞られていったことも必然だったかもしれません。どんなことでも語り合える安心できる空間がディスカッションの質を高めてくれること、そして自らの自己肯定感を高めてくれること、自分自身の経験を他者の視点から見直すことによって、自分自身のメタ認知能力が高まっていくことをこの研究の場を通じて誰もが体感していきました。

私たちの研究は急激に進歩している脳神経科学のほんの一部をかじったに過ぎません。それでも日本の学校教育を問い直すには十分すぎることがわかりました。世界では脳神経科学が企業の人材育成や学校教育にすでに利活用されていると聞きますが、ぜひ日本の学校現場においても実践的な研究が進んでいってほしいと強く願います。そして、本研究がいくらかでも参考になれば幸いです。

2月26日に行った研究発表会は、麹町中学校というひとつの公立学校が試行錯誤で行った単なる校内研究の延長線上にある実践研究にもかかわらず、その研究の意義を認め、文部科学省の講堂という場をお貸しくださったこと自体、異例中の異例です。ましてや新型コロナ感染状況が悪化しつつあるなかで中止もやむを得ないところ、初めてのオンラインで実施できたことも、大袈裟かもしれませんが個人的には奇跡のように感じています。振り返れば、この研究は大した予算もなく、大勢の方々のボランティア的な参加のおかげで進めることができました。改めてお世話になった方々に感謝したいと思います。

なお、研究発表会の様子はYouTubeですべて無料公開しておりますので、お時間があればぜひご覧ください。https://www.youtube.com/watch?v=ExSwZ-uC5ms

2021年4月　工藤勇一

著者略歴

工藤勇一（くどう・ゆういち）

横浜創英中学・高等学校長。元・千代田区立麹町中学校校長。1960年山形県鶴岡市生まれ。東京理科大学理学部応用数学科卒。山形県公立中学校教員、東京都公立中学校教員、東京都教育委員会、目黒区教育委員会、新宿区教育委員会教育指導課長等を経て、2014年から千代田区立麹町中学校長。教育再生実行会議委員、経済産業省「未来の教室」とEdTech研究会委員等、公職を歴任。2020年3月まで千代田区立麹町中学校で校長を務め、教育改革に取り組む。宿題廃止・定期テスト廃止・固定担任制廃止を次々に打ち出した改革は、文部科学省が視察に訪れ、新聞各社・NHK・民放各局などがこぞって取り上げるなど、教育関係者・メディアの間で話題となった。初の著書『学校の「当たり前」をやめた。生徒も教師も変わる! 公立名門中学校長の改革』(時事通信社)は10万部を超えるベストセラーに。その他の著書に『麹町中学校の型破り校長 非常識な教え』(SBクリエイティブ)、『麹町中校長が教える 子どもが生きる力をつけるために親ができること』(かんき出版)などがある。

青砥瑞人（あおと・みずと）

株式会社DAncing Einstein代表。日本の高校を中退。米国大学UCLA（カリフォルニア大学ロサンゼルス校）の神経科学学部を飛び級卒業。脳の知見を、医学だけでなく人の成長に応用し、かつAIの技術も活用する、NeuroEdTech®とNeuroHRTech®という新しい分野を開拓。同分野において、幾つもの特許を取得する脳神経発明家。新技術も活用し、ドーパミン（DA）が溢れてワクワクが止まらない新しい学び体験と教育・共育をデザインすべく、株式会社DAncing Einsteinを2014年に創設し、Founder CEOも務め、学校、企業、学生、先生、社会人などの垣根を越えた人の成長とウェルビーイングのデザインに携わっている。著書に『BRAIN DRIVEN』（ディスカヴァー・トゥエンティワン）『HAPPY STRESS』（SBクリエイティブ）『4 Focus』（KADOKAWA）などがある。

SB新書　543

最新《さいしん》の脳研究《のうけんきゅう》でわかった！ 自律《じりつ》する子《こ》の育《そだ》て方《かた》

2021年5月15日　初版第1刷発行
2021年8月 2 日　初版第5刷発行

著　者　工藤勇一《くどうゆういち》・青砥瑞人《あおとみずと》

発行者　小川 淳

発行所　SBクリエイティブ株式会社
〒106-0032　東京都港区六本木2-4-5
電話：03-5549-1201（営業部）

装　幀　長坂勇司（nagasaka design）
組　版　システムタンク（白石知美）
本文デザイン　松好那名
編集協力　郷 和貴
編集担当　坂口惣一
印刷・製本　大日本印刷株式会社

本書をお読みになったご意見・ご感想を下記URL、
または左記QRコードよりお寄せください。

https://isbn2.sbcr.jp/07111/

落丁本、乱丁本は小社営業部にてお取り替えいたします。定価はカバーに記載されております。本書の内容に関するご質問等は、小社学芸書籍編集部まで必ず書面にてご連絡いただきますようお願いいたします。

ISBN 978-4-8156-0711-1